文学视阈下的英语教学研究

A Study of English Teaching from the Perspective of Literature

赵娇娇 ◎ 著

中国经济出版社
CHINA ECONOMIC PUBLISHING HOUSE

图书在版编目(CIP)数据

文学视域下的英语教学研究/赵娇娇著.--北京 ：
中国经济出版社，2020.7（2023.9 重印）
ISBN 978-7-5136-6201-7

Ⅰ.①文… Ⅱ.①赵… Ⅲ.①英语—教学研究—高等
学校 Ⅳ.①H319.3

中国版本图书馆 CIP 数据核字(2020)第 101070 号

责任编辑 孙晓霞
责任印制 马小宾
封面设计 押晓峰

出版发行 中国经济出版社
印 刷 者 北京建宏印刷有限公司
经 销 者 各地新华书店
开　　本 710mm×1000mm 1/16
印　　张 11.5
字　　数 202 千字
版　　次 2020 年 7 月第 1 版
印　　次 2023 年 9 月第 2 次
定　　价 58.00 元
广告经营许可证 京西工商广字第 8179 号

中国经济出版社 **网址** www.economyph.com **社址** 北京市东城区安定门外大街 58 号 **邮编** 100011
本版图书如存在印装质量问题，请与本社销售中心联系调换(联系电话：010-57512564)

前　言

随着经济全球化和社会信息化的快速发展，英语在社会生活中的作用日益凸显。作为一种人际交流与信息传播的重要工具，英语已经成为人类社会使用最广泛的语言之一，学习英语、提高自身的英语能力也成为各国人民的追求之一。英语教学作为高校一种重要的教学活动，在培养英语人才方面扮演着重要的角色，对提高高校学生的英语知识与技能、培养高校学生的人文素养等具有重要意义。

近年来，为了推动高校英语教学的适应性发展，我国的相关部门推行了一系列教学改革，也取得了相应的成果，但存在的问题依然很多，诸如如何提高英语教学的有效性，如何通过英语教学提高学生的人文素养等。鉴于此，笔者在研究众多国内外专著的基础上，精心撰写了《文学视阈下的英语教学研究》一书，在寻找英美文学与英语教学的结合点、梳理高校英语教学概况的基础上，对文学视阈下的英语教学及其改革进行了研究，以期为我国高校英语教学的发展提供科学的借鉴。

本书以文学视阈下的英语教学为主线，对高校英语的科学化、合理化教学进行了具体研究。全书共包括六章内容：第一章是绪论，主要对英美文学的学理思考、英语教学的实践探索以及文学视阈下的英语教学进行了具体的阐述；第二章是高校英语教学概述，重点阐述了高校英语课程教学要求及教材、高校英语教师教学探究、高校学生英语学习策略三个方面的内容；第三章从文学视阈下的英语基础知识教学出发，对文学视阈下的英语词汇教学、英语阅读教学、英语写作教学以及英语口语教学进行了具体分析；第四章是文学视阈下的英汉翻译实践教学，主要从翻译教学理论与文学翻译理论两个方面对文学视阈下的英汉翻译理论进行了具体分析，从英汉翻译的应用基础与应用实践两个维度对文学视阈下的英汉翻译应用进行了详细的探究；第五章主要从中西文化对比教学维度出发，分别研究了文学视阈下的习语、典故文化对比教学，文学视阈下的色彩、数字文化对比教学，文学视阈下的饮食、节日文化对比教学，文学视阈下的动物、植物文化对比教学以及文学视阈下的人名、地名文化对比教学；第六章主要探讨了文学视阈下的英语教学改革探索，具体内容包括文学视阈下英语教学的现状分析、文学视阈下英语教学的目的探赜、文学视阈下英语教学的改革及转型。

本书在编撰过程中参考与借鉴了多位国内外专家、学者关于高校英语教学方面的研究成果，在此向他们表示衷心的感谢。但是由于个人研究时间与能力水平的限制，书中难免存在不妥与疏漏之处，恳请广大同仁、读者批评指正。

赵娇娇

2020 年 1 月

目 录

第一章　绪　论

文学是最好的学习语言的材料，在文学视阈下进行英语教学对英语教学的发展是有益的，本章首先阐述英美文学的学理思考，其次对英语教学的实践进行探索，最后讨论文学视阈下的英语教学。

第一节　英美文学的学理思考

英美文学是英国、美国等英语国家文化的载体，在漫长的历史中经历了复杂的演变过程，本章是对英美文学的学理思考，包括文学理论概述、中西文学理论比较、英美文学研究方法论和英美小说理论发展研究。

一、文学理论概述

（一）文学理论的研究对象

文学理论属于人文学科，是文艺学的重要分支，文艺学是研究文学的各个学科的总称，也就是关于文学的学问。文艺学有三个分支，即文学史、文学批评与文学理论。这三者的研究对象、知识结构有着较大差别，文学史主要从纵向角度出发，重点考察文学产生、发展与演变的规律，系统分析与评价不同的作家、作品和成就，以及这些作家及作品在文学史中的地位和对文学史的影响，目的是寻找每个历史阶段文学和社会的关系与演变过程；文学批评主要从横向角度出发来阐述文学现象，对文学创作进行评价；文学理论研究的是人类社会中的所有文学现象，目的是辨明文学的属性与规律，建立文学的观念、概念、原理和研究方法。具体来说，文学理论包括文学本体论、文学构成论、文学创作论、文学接受论以及文学发展论。同时，文学史、文学批评这两者与文学理论之间又是紧密联系的，即文学史和文学批评是文学理论的基础，文学理论又能够引导文学史和文学批评的发展。文学理论必须根植于具体的文学作品研究中，而没有一定的文学理论，也无法进行文学批评，无法编写文学史。

总体来说，文学理论就是对文学普通问题的理性思考。

（二）文学理论的特征

文学理论具有科学性、开放性、中介性以及实践性的特征。

1.科学性

文学理论的知识构成是完整的、理论逻辑是严谨的，这主要表现为文学理论的知识系统、概念范畴、行为范式以及研究方法是相对严谨且完整的。文学理论研究的是文学现象，因此其并不像自然科学那样逻辑严密，其科学性主要体现在对文学规律的探求以及人们对知识、真理的追求上。

文学理论的科学性特征不仅对人们提出了要求，还对文学自身提出了要求：要求人们坚持使用马克思主义的世界观与方法论来研究、总结文学实践活动，并能够透过文学现象来把握文学的本质；要求文学自身的知识结构不断发展、与时俱进，能够解释文学活动的新发展、新问题。

需要注意的是，文学理论的科学性是要由文学活动实践进行检验的，文学理论发挥科学指导作用的前提是被实践证明是正确的。

2.开放性

文学理论是一个开放的、动态的系统，文学理论的开放性主要可以从历时性和共时性两个角度来讨论。

从历时性的角度来看，文学理论一方面向过去的文学理论遗产开放，吸收前人的文学理论成果，以充实自身；另一方面，文学理论向现在和未来开放，它会随着社会的发展而不断改变，形成顺应时代的新的文学观念、文学研究方法与文学理论范式。也就是说，文学理论的发展是没有终点的，它会持续向过去、向未来开放。

从共时性角度来看，文学理论能够向各个学科与领域开放，涉及哲学、人类学、心理学、语言学等。文学理论是向各种人文科学、自然科学开放的，其不仅能够借助其他科学来丰富自身，而且能够影响其他科学。

3.中介性

文学理论是一种继发性的理论，是人们从原发性理论出发，解释、控制文学实践的中介环节，具体来说，文学理论需要借助其他学科的知识、方法等来解决自身的问题，这就是文学的中介性。文学理论是桥梁、是枢纽，它的一端是人类精神活动的文学现象，另一端是人类精神活动的原发性理论，这也正是文学理论中介性的表现。正是因为文学理论具有中介性，文学理论既受某种原发性理论的制约，也受文学现象的制约。

4.实践性

文学理论是对活动实践的总结，其出发点与基础是文学实践活动，因此实践性也是文学理论的重要特征。文学理论的实践性特征主要体现在两点：一是文学理论来源于文学实践活动；二是文学理论必须要经得起文学活动实践的检验。

有了文学活动实践，才有了文学理论。正是因为古希腊有深化、史诗、戏剧等文学作品，柏拉图才能写出《文艺对话录》，亚里士多德才能著成《诗学》；正是因为中国有大量优秀的诗歌、散文，才会出现《诗品》《文心雕龙》《沧浪诗话》《人间词话》等文学理论著作。

文学理论一定要能经受得住文学实践的检验，同时要随着文学实践的发展而不断发展。那些从自然科学等生发、归纳得来的文学理论，就有着实践性的品质。如弗洛伊德用人的性本能来解释文学现象，提出了性欲升华说，实践证明，这种说法存在合理性，文学作品中确实有无意识干预现象，因此性欲升华说也被大众认可。

二、中西文学理论比较

中西文学具有特殊性与理论价值，对中西文学理论进行比较，能够使人更好地把握中西文学的特点，进而有助于文学理论的发展。中西方文学理论差异主要表现在文学观念的差异、文艺价值观的差异与形态的差异。

（一）文学观念的差异

从文学观念来看，西方传统文学观念重视模仿与再现，而中国文学观念则更重视表现与抒情。

“模仿说”是西方重要的理论，由亚里士多德提出，他重视文学和理论的关系，认为文学是对现实的模仿；文艺复兴时期，莎士比亚、达·芬奇等提出了“镜子说”，认为艺术就是现实的镜子。18 世纪末，“模仿说”是西方文论的中心；19 世纪，“模仿说”再次成为主流文论。“模仿说”深深影响着西方的文学观念，“模仿说”中重模仿与再现的特点也正是西方传统文学观念的特点。

我国古代文论重视表现与抒情。春秋时期，我国便有“诗言志”的说法，认为文学就是用来表述自身感情、思想的;汉《毛诗序》提到“诗者,志之所之也,在心为志,发言为诗。情动于中而形于言,言之不足,故嗟叹之;嗟叹之不足,故咏歌之;咏歌之不足,不知手之舞之足之蹈之也”。这是对“诗言志”的进一步阐述。魏晋时期,陆机提出了“诗缘情而绮靡”,讨论了文学与抒情的关系;南北朝时期,刘勰提出“情者文之经”,把抒情看作文学的特征;清朝时期,袁枚提出“且夫诗者由情生者也,有必不可解之情,而后有必不可朽之情”。由此可见,重视抒情和表现是我国文论的重要特点。

表现、模仿分别是中西方文论的特点和基础,以表现和模仿为出发点,中西方形成了不同的理论体系。从艺术实践的实际情况来看,表现和模仿两者并不是对立的,而是彼此渗透、补充的,因为文学作品在对世界进行模仿时,作者对现实世界的情感态度也必然会表达出来,作者在表达自身情感时,必然会对客观世界进行再现。

(二)文艺价值观的差异

在文艺价值观上,西方文论重视文学的审美功能,中国文论则注重文学的教化功能。

在亚里士多德看来,学习就是为了“净化”自我,获得“精神享受”;贺拉斯在《诗艺》中提出了“寓教于乐”,认为文艺的审美娱乐价值最重要,其次才是教育价值;康德和黑格尔提倡审美的无功利性,认为人在审美时,只要有了功利性,就会有偏爱,也就不是纯粹的审美了;席勒、歌德、雪莱、爱默生等都对文学的审美性质进行了探索;王尔德等发扬了文学即审美的观念。由此,文学的审美功能成了西方文学理论的主流价值观。

在先秦时期,孔子提出了“兴观群怨”,认为文学的价值是其具有教化作用,文学就是为政治与伦理服务的;汉《毛诗序》提出文学作品要“经夫妇,成孝敬,厚人伦,美教化,移风俗”,诗歌创作要“发乎情、止乎礼”;之后刘勰、韩愈等提出了“文以载道”“文以明道”,认为文学就是传播儒家“道”的手段,重视文学的教化目的;顾炎武提到,“文之不可绝于天地间者,日明道也,纪政事也,察民隐也,乐道人之善也”,同样也涉及文学的教化作用。由此可见,文学的教化作用是中国文学理论的主流价值观。

总体来说,中西方文论一个重视教化,一个重视审美,但是其差异并不是绝对的,中国的文学理论中也有审美的观念,西方的文学理论中也有教化的因素,只是西方更侧重审美价值观,中方更侧重伦理价值观。

(三)形态的差异

就形态而言,西方文论倾向理论形态,思辨色彩更突出;我国古代文论倾向经验形态，特点是具有直观性、经验性。

西方文论属于理性思维，要表现某种文学观念时，常常会借助一系列的文学理论范畴，或者由许多文学理论范畴组成一系列的命题。例如，亚里士多德的《诗学》，体系严谨、逻辑严密、分析透彻，具有理论思辨的特点；康德的《批判力批判》、黑格尔的《美学》也具有哲学的思辨性。

中国古代文论多是直观的感悟，文学理论大都是学者对文学创作与文学阅读的经验的总结，多是即兴的，并没有深刻的理论分析；同时，中国文学理论在形式上常是用诗、意象等来表达的，如《诗品》《文赋》《人间词话》等，都是作者对文学作品的感受与体会，是作者感悟式的批评。中国文学理论中常会用到神韵、气象、滋味等词，这些都不是具体的概念，而是人对美感经验的把握，是只可意会而无法言传的。

三、英美文学研究方法论

文学研究发展的方向主要体现为三点：第一，人对文学的研究是从无意识到有意识的认知；第二，人对文学的研究是从知觉感悟到理性研究的；第三，人对文学的研究是从点评式的评论到全面的、系统的理论探索的。

文学致力于探求人的存在的意义、价值等，但是文学作品中对人类存在的意义与价值的探求都是通过隐喻等形式隐藏起来的，这就需要对文学进行研究，而在不同的时期、不同的社会背景下，人们对文学研究的方法是不同的，在每个时期，人们都希望在文学研究的方法论方面能够有所突破，因为这样能够更加接近文学的本体。英美文学研究的方法论是随着时代的发展不断更新的，西方文论经过了三次变革，变得越来越深刻。第一次变革是从古希腊到欧洲的启蒙运动时期，这一阶段，在神性光辉之下，人们是无知且幸福的；第二次变革是启蒙运动时期，这一时期理性主宰着世界，人具有一定的批判精神，但是也有许多困惑和不解，是苦恼的；第三阶段是19世纪至今，这一阶段“理性”崩塌了，人类所处的世界变成了“荒诞主宰的世界”。

观念上的变革导致了西方文学研究方法论的改变。20世纪，西方文学研究方法——多元化透视开始在西方出现，最具代表性的理论是美国文艺理论家M.H.艾布拉姆斯提出的文学四要素说。

艾布拉姆斯将所有文学的研究方法都纳入了他的理论框架中，他认为文学研究的方法主要有四大类，分别是模仿论、实用论、表现论和客观论，其中模仿论即文学作品是对宇宙与世界的反映，实用论即读者对文学作用的理解和阐释，表现论是作家把自己的内心世界化，形成文学作品，客观论即只研究作品本身。根据这四个理论，西方文学形成了四种文学研究法：作家研究、作品研究、读者研究和社会文化研究。作家研究指的就是从作家的角度出发，重点研究作家的创作心理、创作历程等；作品研究就是从作品角度出发去研究作品的特异性，这种文学研究流派认为只有作品才是研究的主体，作家、读者、社会这些都是无关紧要的；读者研究即将读者作为研究的中心，这种研究流派认为没有被阅读的作品只是半成品，被阅读过的作品，其价值才能真正体现出来；社会文化研究即从社会、文化等角度进行文学研究，这一研究流派重视文学和社会、文学和文化、文学和历史背景的关系。

从艾布拉姆斯的理论可以看出，文学批评理论和哲学是息息相关的，西方理论研究是具有浓重的自然科学研究特征的，其研究方法是科学的、理性的，研究思维是缜密的，因此研究结果的可信度更高。

四、英美小说理论发展研究

同其他文学理论相比，英美小说理论产生相对较晚。18 世纪时，英国小说产生，这时小说家会在自己的小说中发表对自己小说的见解，这是小说理论的雏形；19 世纪时，英国小说的创作达到了顶峰，但小说批评理论仍处于准理论阶段；到了 20 世纪，小说批评理论才得到了发展，各种各样的小说理论专著开始不断出现，小说理论对小说的探讨也更为深入，从原本的对“情节”“人物”的探究拓展到对小说这一文体的探究。

亨利·詹姆斯是西方小说理论的奠基者与开创者，是英美小说理论发展中的一个重要人物，在詹姆斯小说理论出现之前，英语小说理论处于准备阶段，准备阶段也被称为前詹姆斯时期。詹姆斯的小说理论的出现标志着英语小说理论的开始。

（一）前詹姆斯时期的英语小说理论

19 世纪时，英国的小说创作达到高峰，随之也产生了一些小说批评理论的雏形。如当时著名的小说家狄更斯、萨克雷等在发表小说的同时发表过一些关于小说的理论；布尔沃·利顿在 1838 年出版的《论小说艺术》中的《小说的用处》一文中指出了小说具有道德功能、社会功能、预见功能、认知功能与愉悦功能这五种实用功能。

在 19 世纪，小说的创作虽然十分繁荣，但是当时的人们多认为小说是低级的体裁，小说的地位也相对比较低下，有的人甚至将小说叫作“滑稽传奇”或“散文写的滑稽史诗”。受此影响，这一时期的小说理论主要讨论的是小说的用处，主要目的是为小说这种形式辩护，保障小说的生存地位。另外，这一时期虽然也有人对小说的一些理论进行了研究，如研究小说的叙述视点、作者隐退等问题，但是研究并不系统、详尽且深入。

综上所述，18、19 世纪是英美小说的准理论阶段，这一时期虽然有一些相关的小说理论研究，但是并未形成系统的理论，真正的小说理论并未形成。

（二）詹姆斯的英语小说理论

亨利·詹姆斯是美国小说家、文学批评家，他既有小说创作的实践，又有小说理论建树，并且建树卓著，是西方小说理论的奠基人和开创者。詹姆斯的小说理论重点有三个：一是对小说的本质认识；二是对小说叙述角度的讨论；三是明确提出了小说“有机体”的问题。

1.对小说的本质认识

詹姆斯认为，“小说按它最广泛的定义是一种个人的、直接的对生活的印象”，但并不是所有的印象都能够成为小说的材料，詹姆斯指出，作家必须要从自己的“印象”中选择那些典型的、全面的内容作为写作的素材。另外，詹姆斯还认为，要进行小说创作，作家必须具有“得寸进尺”的能力，这主要包括三点：第一，作家要具有依据看见的事物揣摩看不见的事物的能力；第二，作家要具有揭示事物含义的能力；第三，作家要具有依据模式来评价整体的能力。

在詹姆斯看来，小说就是虚构的，这也正是小说的本质。人的真实生活和艺术之间是有一定距离的，作家选择“印象”进行写作，实际上就是把生活上升为艺术，将生活的真实变为艺术的真实。在詹姆斯看来，“真实感”是小说创作的最重要的优点，如果没有了真实感，小说也就没有优点可言了。

总体来说，詹姆斯在认识小说的本质的同时也发现了作家能够依据自己的虚构能力使艺术产生真实感。

2.小说叙述角度问题

小说的叙述角度问题其实就是作者和故事之间的关系问题。詹姆斯在《使节》一书中提到，视角是“主要规矩”，他认为传统的第一人称视角会让作品的结构变得松弛，因此他主张限制叙述角度，或者使用单一角度叙述。詹姆斯还提出了“绘画手法”与“戏剧手法”，其中，绘画手法指的是所有事件都在某个人物的接受意识上得到反映，也就是第一人称的视角；戏剧手法是将读者放到事实面前，让事实来表述事情，也就是第三人称的视角。詹姆斯认为，借助限制视角的方式，就能够实现戏剧化的目标。

与此同时，针对限制视角的不足，詹姆斯还设计出了几种补充叙述的策略：第一，当视角人物因为种种原因无法对读者产生正确的引导时，詹姆斯会安排一些人物，并从这些人物的角度来使读者了解到某件事物的多个侧面，他把这些人物叫作“lamps”（油灯），lamps的作用就是照亮小说中的一些场景和人物，以弥补限制视角的不足；第二，詹姆斯还在小说中安排“ficelle”（提线人物），即在作品中代替作者向读者提供必要信息的人物，如《使节》中的格斯雷德小姐，她是主人公的心腹，是视点人物倾诉的对象，也能为读者提供重要的细节。

总体来说，詹姆斯使用限制视角的方式来叙事，并采用“油灯”“提线人物”等手段来使其小说呈现出戏剧化的效果，成功使自己的小说实践上升到了理论的高度，由此使英国小说发展进入了新阶段，也使小说成为真正的艺术。

3.小说“有机体”的问题

詹姆斯是明确提出“有机体”问题的第一人。小说有机体即表明小说的故事和主题、内容与形式是不可分割的。在詹姆斯看来，小说的形式与内容同样都很重要，他甚至认为小说的题材本身并不重要，最重要的是小说题材的处理方式。基于小说的有机体理论，詹姆斯提出了三种实现小说统一性和有机性结合的方式：中心意识、场景系统、时间结构。具体来说，中心意识指的是小说中的视点人物，视点人物具有连接小说各个部分的作用；场景系统即建立多个场景的联系，使场景具有连贯性；时间结构指的是在进行小说创作时要在一个比较紧凑的时间内展现出复杂的情形，以激发读者的情感。

第二节　英语教学的实践探索

一、英语教学内容的实践

英语教学最基础的内容是词汇、语法、听力、口语、阅读和写作六种，下面对词汇、语法、听力这三种教学内容的教学实践进行阐述。

（一）英语词汇教学实践

词汇是英语学习的基础，词汇教学也是英语教学中至关重要的部分。

词汇教学的目标就是使学生掌握丰富的词汇量。为了实现这一目标，教师要围绕词汇意义、词汇信息、词汇用法与词汇策略这四个方面进行词汇教学，且要坚持词汇教学的基本原则，采取合适的词汇教学方法。

1.词汇教学的具体内容

词汇教学的具体内容包括词汇意义、词汇信息、词汇用法和词汇策略。

(1)词汇意义

词汇意义就是词汇所表示的意义，教师在教学生理解词汇意义时，要求学生做到以下三点：第一，理解词汇的本义和转义；第二，理解该词汇的同义、反义；第三，能够依据不同的情境判断不同的词义。

(2)词汇信息

词汇信息指的是词的拼写、发音、后缀等信息。学生在学习时必须掌握词汇的相关信息，会读单词、能拼写单词、认识单词的词性。

(3)词汇用法

词汇的用法指的是词语的搭配和语域，不同词汇的用法也不尽相同。教师在进行词汇教学时，要将词汇用法作为重点。

(4)词汇策略

词汇策略指的是学习词汇的策略，词汇策略共有五种：第一，认知策略，即为了完成具体任务而采取的行动，使用的方法，如记笔记；第二，调控策略，即对词汇学习进行计划、实施、反思、评价调整等；第三，资源策略，即利用网络、字典等增加词汇量；第四，记忆策略，即可以帮助记忆的策略；第五，活动策略，即通过开展活动的方式应用词汇，以提升词汇水平的策略。

2.词汇教学的基本原则

进行词汇教学时，教师要坚持以下基本原则。

第一，坚持直观性原则，教师要用直观的辅助手段进行词汇教学，如图片、实物等，以帮助学生加深对词汇的记忆。

第二，坚持文化性原则，教师在进行英语词汇教学时，还要进行英语文化讲解，学生理解了词汇相关的文化背景，才能更好地掌握词汇。

第三，坚持语境性原则，教师在进行词汇教学时应建立具体的语境，使学生在语境中掌握词汇。

第四，坚持前卫性原则，教师在教学时可以结合时代的特点，向学生教授一些比较前卫的表达。

第五，坚持学以致用原则，词汇的学习是为了使用，教师要设计一些有趣的活动，使学生在活动中应用并掌握词汇。

3.词汇教学的具体方法

良好的词汇教学方法能够使词汇教学的效果事半功倍，下面简单介绍几种较好的词汇教学方法。

(1)直观教学法

直观教学法即教师借助实物、图片等直观的事物进行词汇教学，使学生对词汇有更深刻、更准确的理解。如要区别 increase、extend、expand 三个单词，单靠文字解释可能比较困难，这时就可以使用图片教学(见图 1-1)。

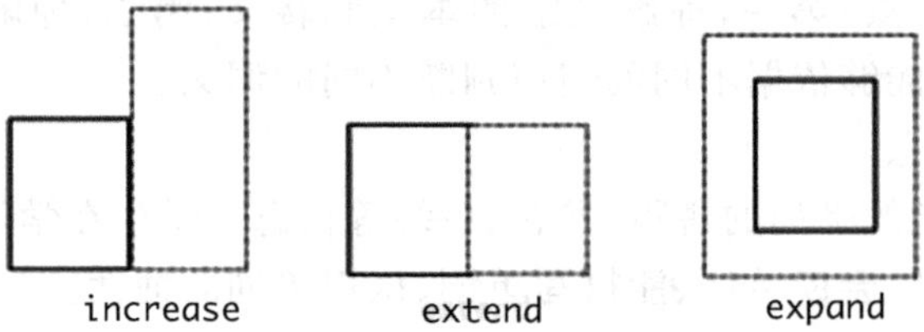

图 1-1 increase、extend、expand 的区别

(2)分类比较法

分类比较法即将相关的词汇进行分类，对相同的分类进行统一记忆，这样就能够帮助学生记忆词汇，提升词汇学习的效率。如可以分别将表示数字、天气、颜色等的词汇放在一起统一记忆；可以将褒义词放在一起统一记忆；可以将动词放在一起统一记忆。

(3)联想教学法

联想教学法即借助一定的想象来帮助学生进行词汇的学习，如由吃饭可以联想到一系列单词：congee(粥)、rice(米饭)、dumpling(饺子)、pizza(比萨饼)、sausage(香肠)、hamburger(汉堡)等。

(二)英语语法教学实践

语法教学同样是英语教学的基础，使学生掌握基本的语法知识、培养学生的语法能力是语法教学的重点，在进行语法教学时，教师必须坚持语法教学的基本原则，并使用恰当的教学方法。

1.语法教学的基本原则

语法教学的基本原则主要有以下三点。

第一，坚持意义化的原则。意义化的原则要求教师在进行语法教学时，不能要求学生一味地死记硬背语法知识，而使学生在理解的基础上掌握相关知识。要知道语法并不是单纯的知识的教学，理解对于语法学习而言是至关重要的。

第二，坚持学与思并重的原则。语法知识一般是相对零碎的，且是比较难理解的，因此教师在进行语法教学时，要多让学生进行思考，要知道“学而不思则罔，思而不学则殆”，学生必须要养成边学习、边思考的习惯。

第三，坚持实践原则。语法的学习最终是为了使用，教师要创设情境，让学生在实践中应用语法，通过不断地进行实践练习来提升学生的语法水平。

2.语法教学的具体方法

语法教学的具体方法有很多，下面主要介绍三种比较常见的教学方法，即语境教学法、多媒体辅助法和主题内容教学法。

(1)语境教学法

语法通常是在语境中呈现的，因此要讲解语法就需要结合语境来进行。具体来说，语境教学法有模拟场景、进行情境对话等，这种方式能够激发学生的兴趣，帮助学生在实践中提升语法水平。

(2)多媒体辅助法

多媒体辅助教学法即借助多媒体手段来进行语法教学，如使用教学课件、文字、图片等。多媒体教学具有清晰、直观、便捷等特点，可以使学生的语法学习更方便。

(3)主题内容教学法

主题内容教学法指的是以内容为基础，将语言和内容进行有机融合的教学方法。具体来说，主题内容教学法的教学重点就是把英语的知识和主题内容结合起来，使英语成为与主题活动联系的媒介。

(三)英语听力教学实践

听力是英语教学中重要的内容，听力教学的目的是提升学生的听力能力和水平。下面重点阐述听力教学的基本内容、听力教学的基本原则与听力教学的具体方法。

1.听力教学的基本内容

听力教学的基本内容包括听力知识、听力技巧、听力理解、语感等。

(1)听力知识

听力知识包括语音知识、文化知识、策略知识等，听力知识是听力教学的基础。教师在进行听力知识的教学时，重点应放在发音、重读等的训练上，同时教师要让学生多进行听力练习，不断提升学生的听力知识水平。

(2)听力技巧

听力技巧有找关键词、根据前后内容猜词义、推测文章逻辑关系等。学生掌握了正确的听力技巧，就能够有效提升听力能力。教师在进行听力教学时可以有意识地教学生相关的听力技巧。

(3)听力理解

听力理解是一个过程，这个过程主要包括四个阶段，即辨认阶段、分析阶段、重组阶段、评价和应用阶段。

(4)语感

语感就是对语言的直接感知力，拥有了语感，学生就能够在听力练习时准确、迅速地完成题目。教师在教学时有意识地培养学生的语感，能够有效提升学生的英语听力水平。

2.听力教学的基本原则

听力教学的原则有以下几种。

第一，交际性原则，指教师在进行听力教学时要重点培养学生的交际能力。

第二，循序渐进原则，指教师在进行听力教学时要依据学生的学习情况选择听力材料，听力材料要由易到难。

第三，综合性与分析性结合原则，综合性原则指的是学生能够在整体上把握听力材料，分析性原则是指学生能够对听力材料的细节或重点进行分析，教师在教学时要将这两点结合起来。

第四，分散训练和集中训练结合原则，分散训练、集中训练是两种训练方式，教师要将这两种训练方式结合起来进行听力训练，以提升学生的训练能力和水平。

3.听力教学的具体方法

听力教学的具体方法有情感教学法、课外教学法、听力技巧训练法等。

(1)情感教学法

情感教学法指的是利用学生的情感进行教学。情感在教学中具有重要的作用，积极的情感会促进学生的听力学习，消极的情感则会阻碍学生的听力学习。教师在教学时可以激发学生积极的情绪，帮助学生克服消极情绪，这样就能够提升学生的学习效果。

(2)课外教学法

课堂的时间是有限的，仅仅依靠课堂时间进行听力学习是远远不够的，这就需要用到课外教学法，课外教学法能够弥补课堂教学的不足，促进学生英语听力水平的提升，常见的课外教学法有听英语广播、组织英语戏剧表演、开展英语电影配音活动等。

(3)听力技巧训练法

教师有意识地培养学生听力技巧的方法就是听力技巧法。常见的听力技巧有以下几点：第一，抓住要点，即教师教导学生在进行听力练习时注意关键词和主要内容；第二，及时记录，即教师教导学生在听到重点信息时将其迅速记录下来；第三，对听力内容进行预测，即教师要教导学生在听前、听中依据已知的听力内容对接下来的听力内容进行预测。

二、英语教学方法与策略

英语教学方法与策略能够直接影响英语教学的效果，因此英语教学的方法和策略是英语教学实践的重要内容。

(一)英语教学方法

英语教学方法即具体的方法类型，当前在英语教学中常用的教学方法有听说法、认知法、自然法、直接教学法等。

1.听说法

听说法也叫作口语法，这种教学方法以训练和对话为主，主要是通过反复的练习来提升听说能力的方法。听说法重视记忆、模仿和操练，认为外语的学习依靠的就是大量的模仿和反复练习。听说法起源于20世纪30年代，20世纪60年代发展最兴盛，之后随着时代的发展与进步，听说法乏味、枯燥的特点越发凸显，也就逐步被新的教学方法取代。

2.认知法

认知法是一种与听说法对立的教学方法，认知法倡导有意义的教学，反对枯燥的反复练习。从认知法的角度来看，在教学的过程中，教师要积极引导、鼓励学生去理解语法规则。认知法的语言基础是乔姆斯基的转换生成理论，心理学基础是皮亚杰的发生认识论和布鲁纳的掌握知识的基本结构理论等，认知法主要代表人物是美国心理学家卡鲁尔。

3.自然法

自然法主张学生从自然交际中学习外语，这种教学方法重视隐形教学，教学目标是提升学生的交际能力。自然法具有极强的包容性，主要表现在其能够广泛地吸收其他有效的教学方法，从而不断丰富自身的教学理论。自然法的特点有重视语言和话题、情景之间的联系，对准确度的要求不高，不重视语言形式而更重视语言的意义等。

4.直接教学法

直接以第二语或目标语来沟通或教学的方法就是直接教学法，直接教学法的特点是重视语言文字与其所表示的情景的联系，学生要通过反复练习、模仿等方式来熟悉句型。当使用直接教学法时，教师一般不用母语来做媒介，而是借助一些直观的方式表达语言的意思。直观教学法的特点有坚持教师中心、重视句型结构和操练、坚持有错必究等。

（二）英语教学策略

英语教学策略指的是为了实现教学目标而制定的，可以用于教学实践的整体方案，具体来说是教师依据教学理念、教学经验以及对教学大纲的理解所设计、制定的能够实现最好的教学效果的教学计划与教学活动。

1.教学策略的构成

教学策略主要有两个维度构成，分别是静态的理论内容、动态的教学活动。静态的理论内容对动态的教学活动具有指导作用，动态的教学活动又是静态的理论内容的反映，将这两个维度结合起来，就能够使教学更加合理、有效，由此也就能够促进学生的发展与进步。

2.教学策略的特点

英语教学策略的特点如下。

(1)具有独特的操作程序和步骤

所有的英语教学策略都具有独特的、完整的操作程序和步骤，这也是教学策略的一个重要特点。但是教师在使用一种教学策略进行英语教学时，不能全盘照搬其操作步骤，要结合实际情况灵活改变其具体程序和步骤。

(2)指向特定的教学目标

指向特定的教学目标也是教学策略的一个重要特点。实施教学策略就是为了实现某个教学目标，正因如此，教学目标会制约教学策略，这就要求教师要依据所指定的教学目标来选择教学策略。

(3)需要教师依据实际情况进行调整

教学策略并不是一成不变的，其需要教师依据实际情况进行不断调整，这是教学策略的又一个重要特点。在具体实践中，教师要对教学活动进行反思，并在反思中不断改进教学策略。

3.教学策略的产生途径

教学策略的产生途径主要有以下三点。

(1)教师对教育理论的分析和判断

教师通常具有充足的教育理论知识，他们在教学时会对相关的教育理论进行分析和判断，并结合实际情况来制定适合学生的教学策略。

(2)教师对教学方法与技巧的思考

教师为了提升教学水平，会学习具体的教学方法和技巧，并会对这些方法和技巧等进行认真的思考，从而在具体的教学中选择合适的教学方法和技巧，由此教学策略也就产生了。

(3)教师对以往经验的总结和反思

教学经验是教师教学策略产生的重要途径之一，教师可以凭借自己对以往的教学经验的总结和反思来制定更合理、更科学的教学策略。

三、英语教学评价设计

教学评价是英语教学课程实施的保障，借助教学评价，教师能够发现教学的问题，了解教学的效果、学生的学习情况等，由此可见，教学评价是英语教学实践的重要部分。

(一)英语教学评价的含义与内容

1.教学评价的含义

教师依据相关的教学原则、教学规律、教学目标等，揭示教学现象和教学目标的关系，并对学生的学习效果、学习目标的完成情况进行价值上的判断，根据得到的反馈信息来进行下一步教学的过程就是教学评价。[①]

2.英语教学评价的内容

教学评价的内容主要有对学生的评价、对教师的评价、对课程的评价、对教学管理的评价和对教学过程的评价。

---

① 腾星.教学评价若干理论问题探究[J].民族教育研究，1991(2):81.

(1)对学生的评价

学生是学习的主体,因此对学生的评价是英语教学评价的重要环节,对学生的评价的内容主要有学业评价、学力评价、品格与道德评价等。其中,学业评价即对学生学习过程和成果的评价,学力评价即对学生的学习潜力、知识和技能水平、品格与道德的评价。

(2)对教师的评价

教师的素质水平会直接影响教学的效果,因此对教师的评价至关重要。对教师的评价主要包括对教师的政治素质评价、工作素质评价、可持续发展素质评价等内容。

(3)对课程的评价

合理的课程设计能够有效提升教学的效果与质量,因此课程评价同样至关重要。课程评价有三种模式:第一种是目标游离评价模式,即在进行教学评价设计时不能把活动目标告诉评价者,以此降低评价的主观影响;第二种是决策导向评价模式,即把决策放在首位,评价时重视背景、过程、结果等的结合;第三种是行为目标评价模式,即认为确定目标是教学评价的中心环节,预定目标对教学起着决定性的作用。

(4)对教学管理的评价

对教学管理进行评价可以帮助管理者发现教学管理中的问题,改进教学管理工作。对教学管理的评价主要涉及评价内容和评价指标。评价内容包括对下属单位教务管理的评价和教学课堂的管理评价,评价指标包括教学规章制度、教学检查、教学计划等。

(5)对教学过程的评价

对教学过程的评价是从形成性评价延伸而来的,是一个系统性的评价,即将具体章节的教学目标、内容等作为一个单位,对这个单位包含的教学活动内容进行系统的分析,对教学过程中的各个环节进行评价。

(二)英语教学评价的标准和原则

1.英语教学评价的标准

教学评价的标准主要有两个,即信度和效度。

(1)信度

信度是教学评价的一个重要标准,信度越高,说明评价的结果越准确,信度包括稳定性信度、复本信度和内部一致性信度三种形式。其中,稳定性信度就是测验结果跨时间的一致性程度,为了得到稳定性信度,通常会进行两次及以上的测试;复本信度即等值测试复本间的一致性,就是使用两个等值但题目不同的测验(复本)来测量同一群体,然后求得被试者在两个测验上得分的相关系数;内部一致性信度重视的是测试题目功能上的一致性,评价方法有克伦巴赫的 α 系数分析和库德—理查逊的 K-R 公式两种。

(2)效度

效度就是评价的准确性,指的是在评价结果的基础上所做出的推论的准确性,效度可以帮助判断评价是准确的还是错误的,正确的评价对改进教学策略、方法等具有重要的促进作用,而错误的评价则会阻碍教学的进步。因此,评价的效度指标尤其重要。

2.英语教学评价的原则

英语教学评价的原则主要有以下几点。

(1)针对性原则

教学评价必须具有针对性,但是教学评价针对的并不是积累层面、结论层面和总体层面,而是过程的层面、诊断层面与具体层面。具体来说,要坚持针对性原则,需要做到以下几点:第一,当一堂课出现的问题较多时,教师要找到问题并针对问题进行评价;第二,当课程进行十分顺利时,教师要针对具体情况总结经验;第三,当学生缺少积极性时,教师要做出针对评价以提升学生学习积极性。

(2)全面性原则

教师在教学过程中,要坚持全面性原则,教学评价设计要符合我国的教育发展方向、遵循教学评价规律等。

(3)差异性原则

教师在进行教学评价时要坚持差异性原则,针对每个学生的能力、水平等进行评价,看到每个学生的进步与成长。

(4)客观性原则

教师在进行教学评价时,必须坚持客观性的原则,要实事求是。坚持客观性的评价原则对英语教学具有重要的促进作用。

(三)英语教学评价的特征和意义

1.英语教学评价的特征

英语教学评价的特征主要有四个,分别是统一性特征、连续性特征、特定性特征和选择性特征。

(1)统一性特征

在教学评价的过程中,评价者、被评价者两者之间的关系是统一的,这就是教学评价的统一性特征。教学评价的统一性特征主要体现在以下两点:第一,评价者、被评价者的目标是统一的;第二,评价者和被评价者的关系是协调且统一的。

(2)连续性特征

教学评价具有联系性的特征,这主要表现在以下两个方面:一方面,教师通常会进行多次反复评价,以形成反馈链,这些评价之间具有连续性;另一方面,教学评价都是有一定步骤的,这些步骤之间具有连续性,缺少了任何一步都不能完成评价。

(3)特定性特征

评价的内容、对象等都是特定的,针对不同的教学内容和对象,必须采取不同的教学评价方式,这就是教学评价的特定性特征。

(4)选择性特征

教学评价实际上就是一个选择的过程,教师会选择优秀的学生进行鼓励,选择能力不足的帮助其进步,这就是教学评价选择性特征的表现。

2.英语教学评价的意义

英语教学评价无论对教师还是对于学生而言,都是有利的。对于教师而言,进行教学评价能够及时了解学生的学习情况,为教师提供教学的依据和研究素材,能够充实教师的教学经验;对于学生而言,教学评价能够帮助学生发现自己英语学习中的问题,还能够让学生监视自己的学习过程,看到优点和进步的地方,从而提升自信心和学习积极性。

(四)英语教学评价的具体形式

英语教学评价的形式主要有总结性评价、形成性评价、表现性评价、真实性评价、发展性评价和多元化评价。

1.总结性评价

总结性评价是结果评价,评价的目的是确定教学目标完成的情况,一般在教学活动之后进行。总结性评价的方式可以是分数制,也可以是等级评分制,形式也有很多,如正误判断、选择、匹配、项目、真实性任务等。

2.形成性评价

形成性评价是在学习过程中为了了解学生的学习情况而进行的评价,其作用是反映学生学习的问题,帮助学生反思学习问题和得失,以此来促进学生的不断进步。形成性评价的特点是具有表现性、真实性、多元性和发展性，实施形式有座谈、学习日志、问卷调查、课堂观察、评价量表等。

3.表现性评价

表现性评价即通过观察学生完成任务时的表现来评价学生，其特点有三个：第一，表现性评价是过程和结果结合形成的评价方式；第二，表现性评价关注的是知识和技能的应用、非智力因素的发展等；第三，表现性评价不要求固定的答案，鼓励学生发散思维；第四，表现性评价会整合教学课程，任务比较复杂，因此会对学生综合运用多种知识的能力提出一定的要求。

4.真实性评价

真实性评价要求学生完成的任务是在现实中存在的、真实的，并且是具有实际意义的，其评价的基础是尊重学生的发展需求，特点具体如下：第一，重视学生的主体地位，关注学生个体间的差异；第二，坚持评价方式的多样化；第三，坚持全人评价，重视学生的全面发展；第四，评价要和教学进度、课程进度一致。

5.发展性评价

发展性评价即主张借助评价来促进学生的发展，希望家长、学生、教师、学校等都参与到教学评价中。发展性评价的主体有教师、学生、家长、教学辅导人员、上级管理者等，评价内容有学生的知识水平、心理素质、交际能力等，评价的方式有概念图、电子档案、研究进度评分工具等。

6.多元化评价

多元化评价是多种评价方式的综合，其特点就是评价主体、评价方式、评价内容、评价结果使用、评价标准等的多元化。评价主体多元化即评价主体有学生、家长、教师、社会等；评价方式多元化即评价会使用多种工具采集评价数据；评价内容多元化即对学生的学习能力和水平、心理素质能力、实践动手能力、思想道德素质等进行评价；评价结果使用多元化即评价结果会被用于选拔、控制、监控、引导等；评价标准多元化即对知识水平、认知发展情况等不同的学生的评价标准是不同的。

第三节　文学视阈下的英语教学

文学教学、语言教学两者之间并不是对立的，它们是相互补充、相互配合的。文学教学能够提升学生的语言能力、知识技能水平，帮助学生更好地了解英语国家的文化传统、风俗习惯等，也就能够促进英语教学的发展。本节将在文学视阈下对英语教学展开讨论。

一、英语文学作品与英语教学

（一）文学的内涵与特点

文学是以现实生活为模板，用语言创造的独立的、超越生活的世界，文学是人情感的表达形式，是人情感的客观化，是可以被欣赏的，具有内涵性、暗示力的形式。

文学作品主要有两个方面的含义：一方面，从版权的角度来说，各种各样的书面原著都是文学作品，包括纯文字性质的、科学性质的、技术性质的、完全适用性质的文学作品；另一方面，从作品的形式、内容等方面来说，具有突出的美和感情效果的作品就是文学作品。在本书中，笔者采用的是第二个文学作品的定义。

文学作品具有三个特点：第一，作家在进行文学作品创作时，会把生活中得到的多种材料变为艺术形象，因此文学作品是现实世界的艺术再现；第二，文学作品中会有大量的想象与虚构部分；第三，文学作品中通常具有丰富的、强烈的感情活动。

（二）英语文学作品和英语教学的关系

英语文学发展历史悠久，在漫长的历史长河中，出现了许多优秀的英语文学作品，具有较高的学习价值和意义。

英语文学作品，尤其是英语文学名著，是英语教学中重要的学习材料。文学作品是人的生产、生活相关活动的记录，是长期以来的历史积淀，是人们认识自我和世界的途径，是人们对生活的提炼与总结，同时也能够反映出时代的特征。正因如此，英语文学作品对英语教学具有重要的促进作用，通过阅读英语文学作品，学生能够学习英语语言知识，了解英语国家的文化与习俗，体会作者的思想与感情，领悟当时的时代特色。由此也就能够有效提升学生的英语能力和水平、开阔学生的视野、培养学生的文学欣赏能力。具体来说，文学作品语言生动、内容深刻，学生在阅读时会在不知不觉中学到相关的英语知识，了解作者的思想内涵，从而对人生与世界有新的领悟。

二、我国高校英语教学的发展

（一）我国高校英语教学的演变

我国高校英语教学可以分为四个阶段，分别是起步与探索阶段（1949—1984 年）、规范与发展阶段（1985—1998 年）、调整与改革阶段（1999—2001 年）、深化与提升阶段（2002 年至今）。

1.起步与探索阶段（1949—1984 年）

在起步与探索阶段，我国的高校英语教学发展相对缓慢，没有明确的高校英语教学大纲、教材、内容、方法、要求等，英语教学整体上比较混乱。这一时期我国英语教学发展历程具体如下：1949 年，中华人民共和国成立后，我国的外语教学主要是俄语；1952 年，我国高校开设了英语系；1956 年，《英语》出版，英语教学得到一定的发展；1978 年，英语教学基本走向正轨；1980 年，《高等学校理工科公共英语教学大纲》出版，英语教学结束了无组织的状态。

2.规范与发展阶段（1985—1998 年）

在规范与发展阶段，我国的英语教学有了统一的教学大纲的指导，并在大纲的指导下，编写出了高质量的教材，摸索出了行之有效的教学方法，走向了规范化发展道路。这一时期我国英语教学发展的历程如下：1985 年，我国颁布《大学英语教学大纲（高等学校工科本科用）》；1986 年，我国颁布了《大学英语教学大纲（高等学校文理科本科用）》；1987 年，清华大学出版社出版和高等教育出版社出版分别出版了《新英语课程》《大学核心英语》教材；1987 年，我国决定实行大学生英语考试（College English Test）。

3.调整与改革阶段（1999—2001 年）

在调整与改革阶段，为了满足新时期社会对英语人才的需求、适应高校学生日益提升的英语水平，高校开始对英语教学进行调整与改革，这一时期调整与改革的措施有:①1999 年,我国制定了《大学英语教学大纲》(修订本),该大纲强调要重视学生的交际能力,坚持学生的全面发展;②从 1999 年开始,我国的大学生英语考试增加了口语考试。

4.深化与提升阶段(2002 年至今)

为了解决大学英语教学实践中出现的教学效率低下、学生英语综合能力不强等问题,也为了使英语教学适应时代的发展,我国在 2002 年开展了新一轮的大学英语教学改革,自此,我国的英语教学改革进入了深化与提升阶段。改革的具体措施:①教育部在 2004 年颁布了《大学生英语课程要求(试行)》,此外,教育部还在高校开展大学英语精品课程建设活动;②在教学方法方面,提倡将多媒体、网络等先进技术应用于英语教学;③在评价方面,高校英语教学开始强调过程性评价,并开始采取多样化的评价方式。

(二)我国高校英语教学的问题和要求

1.我国高校英语教学的问题

我国的高校英语教学改革虽然取得了一些成就,但是还存在一些不能忽视的问题,如教学方法缺乏科学性、教材陈旧落后、师资素质有限、教学模式单一、不重视学生的主体性、过于重视学生的应试能力、忽视了文化教育的重要性等。其中,忽视文化教育的重要性是一个重要问题。当前许多英语教师在教学时只重视向学生教授英语基础知识和技能,忽视了对学生进行英语文化的教学,导致学生虽然具有一定的英语知识水平,却不具备多元化意识和跨文化的交际能力,不能满足新时代的社会需求。

2.我国高校英语教学的要求

国际交流的逐步加深,全球化程度的不断深入,使我国对英语人才的质量和数量的需求持续增加。为了适应时代的需求,我国高校英语教学必须做到以下两点:第一,坚持人的全面发展,英语教学要坚持人本主义的教学理念,不能只重视学生知识的学习,也要培养学生的思想与道德,提升学生的自信心,增强学生的自尊心,促进学生的全面发展;第二,主动培养学生的文化素养,当今世界全球化趋势加剧,世界各国的沟通与交流更加频繁,文化的多元化特征显著,在这样的背景下,高校的英语教学必须重视对学生的文化素质的培养,使学生具有大局观和整体意识,从而能够在多元化的背景中正视本国与他国文化,以促进自身的良好发展。

当前,我国的高校英语教学改革仍在进行中,为了解决我国高校英语教学出现的问题，满足我国高校英语教学的要求，许多专家和学者开始提倡将英语文学融入英语教学中，重拾英语文学在英语教学中的重要地位。

三、将英语文学融入英语教学的探索

（一）将英语文学融入英语教学的重要性

文学课程能够培养学生欣赏、理解文学作品的能力，提高学生的语言基础能力和人文素养，在文学视阈下进行英语教学改革，将文学教学作为英语教学的重点，能够实现我国英语教学的发展和进步，为我国培养出具有良好的英语知识水平、较高的文学修养、突出的人文素养的英语人才。

具体来说，将英语文学融入大学英语教学中，能够调动学生学习的积极性、提升学生英语水平和能力、帮助学生进行跨文化的交流、提升学生的人文素养。

1.调动学生学习的积极性

英语文学作品具有跌宕起伏的情节，同传统的课文相比，趣味性和可读性更强，在大学中进行英语文学教学，可以激发学生的学习兴趣，调动学生的学习积极性。如《爱丽丝梦游仙境》《格列夫游记》等作品想象丰富、奇特，学生在阅读时会产生浓厚的兴趣，积极性也会更高。

2.提升学生英语水平和能力

阅读英语文学作品能增加大学生的词汇量，提升其阅读和写作能力，可以有效提升学生的英语水平和能力，主要表现在以下几点：第一，英语文学原著情节生动、曲折，学生会被跌宕起伏的故事情节牢牢吸引，产生阅读兴趣，进而会主动进行阅读，并自觉摘录喜欢的词句，长此以往，学生的词汇量将会大大增加；第二，英语文学作品内容丰富、信息量大，学生需要在有限的时间内完成阅读，这就需要用到一定的阅读速度与技巧，由此，学生的阅读能力也会逐步提升；第三，英语文学作品具有较强的逻辑性，写作技巧也十分突出，学生在阅读时会在不经意中学到写作技巧。

3.帮助学生进行跨文化的交流

英语文学作品是对英语国家人文风情、文化、习俗等的具体展现，通过阅读英语文学作品，学生能够开阔视野，更好地了解中西文化之间的差异，并能学习到更地道的语言表达方式，进而能够更好地进行跨文化交流。以

《罗密欧和朱丽叶》为例，罗密欧和朱丽叶两人从相识到结婚再到殉情只用了四天时间，罗密欧在舞会上爱上朱丽叶之后，就悄悄进入了朱丽叶的房间，两人在短时间内就定下了婚约。这能充分展现出西方国家人民开放、热情的性格，他们的爱情也是冲动且激烈的。而同是爱情题材的《梁山伯与祝英台》，两人同窗三年，到最后道别时祝英台也只是含蓄地暗示自己是女儿身，这表明我国人民对待爱情的态度是含蓄的。

4.提升学生的人文素养

学生阅读英语文学作品，可以学习作品中的优秀的品质，领悟作品中的精神，丰富自己的内心世界，不断提升自己的人文素养。如《简·爱》中的简虽然经历了各种苦难，但是她依然坚持自我，没有因为贫穷、弱小而放弃追求爱情和幸福的权利；海明威的《老人与海》中的老人始终没有放弃奋斗，向人们展现了永不认输的人生观。

（二）将英语文学融入英语教学的可行性

将英语文学融入英语教学的可行性主要包括三种因素：大学生的英语基础较好、大学教学环境相对宽松、大学师资与科研力量雄厚。

1.大学生的英语基础较好

大学生经过了多年的英语基础教育，英语基础相对较好，在大学入学时词汇量超过 3000 个，基本的语法和句型也基本掌握，因此有能力进行英语原著阅读。当前一些高校已经开展了英语文学选修课，受到了学生的欢迎，并且取得了一定的成效。

2.大学教学环境相对宽松

大学中教学环境相对宽松，学生英语学习压力相对教小，在学习四个学期的英语课程之后，大学生的英语学习就算结束了，这样的教学环境为课程改课提供了一定的空间。教师可以利用大学前两年的四个学期辅助学生进行英语文学的阅读，帮助学生培养阅读兴趣，在大学的后两年鼓励学生自主进行英语文学作品阅读，形成阅读习惯，把英语文学学习变为终身学习的一部分。

3.大学师资科研力量雄厚

大学是科研的主要阵地，高校教师的师资力量雄厚，学历高，有相当一部分英语教师就是研究英语文学的，具有一定的文学欣赏水平，并且这些教师的英语能力、教学水平等都比较高，有能力也有精力进行大学英语教学改革。另外，高校英语教师资源比较充足，有足够的师资力量开展英语文学选修课。

（三）将英语文学融入英语教学的具体方法

英语文学作品众多，学生的学习时间则相对有限，大学英语课时更是有限，如何在有限的课时中将英语文学融入英语教学中，也就成了教师需要面临的难题。笔者在此主要阐述几种将英语文学融入英语教学的具体方法。

1.挖掘教材中的英语文学内容

要将英语文学融入英语教学中，教师就要善于挖掘教材中的英语文学内容，并能够将挖掘出的内容和课堂教学结合起来。如上海外语教育出版社的《全新版大学进阶英语综合教程》有一单元的主题是“The Pursuit of Dreams”，这一单元有三篇文章，都是围绕“追梦”展开的。教师在教学时，可以在授课前让学生观看励志电影《当幸福来敲门》，并在上课时以此来引出追梦的主题，并让学生明白追梦的过程中必然会遇到困难，梦想的实现离不开坚持不懈的努力，引导学生树立正确的目标，并为实现目标而努力奋斗。

2.把英语文学作品解读引到第二课堂中

英语教师将英语文学作品解读引到第二课堂中，通过开展形式多样的文学课外活动，如举办文学读书交流会、开展英文朗诵比赛、进行名著表演等，来丰富学生的课外生活，提高学生的英语能力和英语素养。另外，教师也可以鼓励学生在网上学习交流，如学生可以建立学习小组，每个小组在课余时间在教师所给的范文内选择一部作品进行阅读，阅读后小组讨论并将成果做成电子文档，可以是视频、音频或PPT，之后上传到网络上，供全班同学交流、学习。

3.开设英语文学选修课

高校教师可以通过开设英语文学选修课的方式来使英语文学教学得以延伸。教师可以依据自己的兴趣、擅长领域等开设不同形式的英语文学选修课，如可以开设课程讲解经典电影中的英语文学，让学生通过电影学习英语国家的文学作品，领略西方文化，了解中西文化之间的差异，从而培养学生的审美能力和人文素养。

第二章　高校英语教学概述

高校英语教学在丰富学生的英语知识、提高学生的英语技能以及培养学生的人文素养等方面发挥着重要的作用。本章主要对高校英语教学进行概述，具体内容包括高校英语课程教学要求及教材、高校英语教师教学探究以及高校学生英语学习策略。

第一节　高校英语课程教学要求及教材

高校英语课程教学是我国英语教学的重要组成部分，在推动英语教学的发展、培养英语专业人才等方面都具有重要的意义。本节主要介绍高校英语课程教学的理论基础、目标、原则，高校英语课程英语教学的要求，高校英语课程英语教材三个方面的内容。

一、高校英语课程教学概述

（一）高校英语课程教学的理论基础

高校英语课程教学的理论基础主要包括三个方面的内容，分别是语言学理论基础、哲学理论基础和心理学理论基础，具体分析如下。

1.语言学理论基础

高校英语课程教学的语言学理论基础可以从知识与能力、语言与言语、语言结构与实际话语三个方面来理解。

(1)知识与能力

知识与能力的关系问题是当前外语教育界争论的热点问题。高校英语课程教学要想顺利进行，就需要对知识与能力的关系进行辨析。为此，可从两个方面着手：一方面，从哲学与语言学的角度对语言知识观和语言运用能力观进行深入的分析，从而实现对语言知识与语言运用能力的正确理解，进而促使它们沟通融合，相辅相成；另一方面，分析、反思高校英语课程教学中知识与能力的关系问题，探索它们未来的发展方向，从而提升高校英语课程教学理论的科学性，进而提升高校英语课程教学实践的有效性。

(2)语言与言语

语言与言语是语言学教育的重要内容，对于高校英语课程教学而言，要保证其自身的顺利开展，首先要对与语言与言语的概念进行明确的认识与了解。语言是一种涵盖词汇、语音、语法等内容在内的、具有一定抽象性与稳定性的语法体系；而言语则是语言的具体内容和外在表现。在明确了语言与言语概念的基础上，有针对性地提高学生的语言与言语能力，对推动高校英语课程教学的发展具有重要的意义。

(3)语言结构与实际话语

语言结构主要是指由语音、词汇、语法习惯等构成的相对稳定的语言系统或语言稳定结构，实际话语主要是指在日常生活中进行交流的言语。在理解语言结构与实际话语的基础上，在高校英语课程教学过程中对学生进行有针对性的教学，有助于提高学生的英语学习能力。

2.哲学理论基础

高校英语课程教学的哲学理论基础主要包括两个方面的内容：一是以人为本的发展理念；二是协调发展理念。其中，以人为本的发展理念可以从英语课程教学要体现人的本质特征、人的发展与社会发展紧密相连以及人的生命活动与语言息息相关三个方面来理解；协调发展理念主要指的是英语素养与积极的学习态度协调发展以及英语素养与信心、兴趣等的协调发展。

3.心理学理论基础

高校英语课程教学的心理学理论基础主要有三个，分别是官能心理学、行为主义心理学和人本主义心理学。

(1)官能心理学

官能心理学源自古希腊的灵魂官能说，创始人是沃尔夫。沃尔夫认为人的心灵是由不同的官能构成的，且这些官能是可以单独加以训练发展的。外语课程翻译结构形态及后来教育中流行的形式训练说，就是在官能心理学的基础上形成并发展起来的。

(2)行为主义心理学

行为主义心理学的奠基人是华生，代表人物有斯金纳、托尔曼等。他们认为人的学习行为是“刺激(S)—反应(R)—强化(R)”的结果,刺激、反应、强化是学习和记忆的基础。这一理论对高校英语课程教学有积极影响,在教学过程中,教师可以运用行为主义心理学强化学生的英语学习行为。

(3)人本主义心理学

人本主义心理学的创始人是马斯洛和罗杰斯,他们强调学生是“完整的人”、是认知与情感相统一的人。由此,学校教育教学活动的进行要以培养完整的学生为中心,促进学生认知与情感协调发展。这为高校英语课程教学的发展提供了一种理论基础。

(二)高校英语课程教学的原则

高校英语课程教学的原则主要包括三个方面的内容,分别是交际性原则、以学生为中心原则、兴趣性原则。

1.交际性原则

语言是交际的工具,人们学习语言不仅是单纯地掌握构成语言的词汇、语音、语法等内容,更重要的是运用语言进行交流和表达思想等。交际则是利用语言在不同的环境中进行有目的的交流。

大学阶段是学生将自己所学的英语知识系统化,并逐步将理论知识转化为实践能力的关键时期。因此,在高校英语课程教学的过程中,教师要认真贯彻交际性原则,使学生将学到的英语知识运用到交际实践中,从而提高学生的交际能力。要想达到这一目的,高校教师在日常的课程教学中需从三个方面着手:认识课程本质、设计情境、精讲多练。

(1)认识课程本质

英语教学既是一门知识课程,又是一门技能培养型课程,对于高校学生而言,技能的培养更为重要。高校英语课程教学的核心不应看学生掌握了多少英语知识,而是要看学生能否将学到的英语知识应用到日常生活实践中,具体表现为能够利用交际工具培养自身的交际技能。只有认清了高校英语课程的本质,才能对大学生进行有针对性的教育,进而提高大学生的英语交际技能。

(2)设计情境

交际需要在一定的语言环境中进行,交际性原则要求为学生的英语交际创造适当的情境,而且情境的设计要与高校学生的生活实际紧密相连,使学生有身临其境之感,从而提高学生的学习兴趣,进而为学生英语学习能力的提高提供有力的帮助。

(3)精讲多练

高校英语课程教学活动主要由两部分构成:一是教师的教;二是学生的学。在大学阶段,由于学生已经具备了一定的英语知识,所以教师在教的过程中不必再一应俱全,要简明扼要、突出重点,进行有针对性的教学。此外,教师还要指导学生进行必要的实践,使学生在实践练习的过程中逐步提高自己的英语交际能力。

2.以学生为中心原则

学生是教学活动的主体,只有以学生为主体,才能激发学生的学习兴趣、提高教学质量。高校英语课程教学所强调的以学生为主中心,主要指的是在教学活动过程中,教师要从学生的实际情况出发,设计、组织英语教学活动,从而提高学生的英语学习能力和交际能力。要做到以学生中心,教师需要从三个方面着手:教材分析、备课、教学方法和教学手段。

(1)教材分析

就教材分析而言,高校教师在课程教学活动中要认真地分析教材,在充分理解与把握教材内容的基础上,根据自身的教学经验,确定适合大学生实际情况的学习目标与学习任务。

(2)备课

备课是教学活动的重要组成部分,只有备好课,才能上好课。具体来说,教师在备课的过程中,要充分考虑学生的学习水平、接受能力、学习态度等,并以此来设计教学实践活动,从而使学生真正成为学习的主人,进而提高学生学习的积极性。

(3)教学方法和教学手段

不同的教学方法和教学手段具有不同的作用,因此,在英语课程教学过程中,高校教师要采取合适的教学方法与教学手段,为学生的英语学习提供有力的支持。高校英语课程教学中常用的教学方法和教学手段有讲授法、讨论法、直观演示法、练习法、任务驱动法等。

3.兴趣性原则

兴趣是最好的老师,学习兴趣作为学习动机的重要组成部分,能够有效地调动学生学习的主动性、提高学生学习的能力。鉴于此,在高校英语课程教学的过程中,教师要遵循兴趣性原则,激发和培养学生的英语学习兴趣。为了有效激发和培养学生的学习兴趣,教师要做好三方面的工作:尊重和了解学生、防止死记硬背、增强师生交流。

(1)尊重和了解学生

学生是学习活动的主体,是整个教学活动的重要参与者。因此,在高校英语课程教学活动中,教师应尊重和了解学生的兴趣、爱好和学习心理,根据学生的需求合理组织教学活动,充分发挥学生的主体作用,激发学生的学习兴趣。

(2)防止死记硬背

交际实践是英语学习的高级阶段,在这一阶段,虽然学习还需要牢记一些语法、词汇等,但更重要的是理解与应用。因此,高校教师在英语课程教学活动中,应避免采取死记硬背的教学方法,要在合理设计教学过程的基础上,尽量为学生创设真实的情境,并通过提供有效的学习策略,使学生在真实的情境中提高自己的学习兴趣,并内化所学的英语知识。

(3)增强师生交流

增强师生交流也是兴趣性原则的重要内容。相关实践表明,学生对课程的喜爱程度与教师的个人魅力有着密切的关系。富有学识、性格开朗的教师往往受学生们的喜爱,学生也会因为教师的缘故而喜欢其所教授的课程。所以,高校教师在英语课程教学活动中要增进与学生的交流,在尊重、了解学生的基础上,与学生建立良好的关系,从而激发学生的学习兴趣,提高学生学习英语的积极性与主动性。

二、高校英语课程教学要求

高校英语课程教学的要求主要包括三个层次的内容,分别为一般要求、较高要求以及更高要求。其中,一般要求是高校非英语专业学生毕业时所应达到的基本要求,较高要求是高校英语专业学生毕业时所应达到的要求,更高要求是为有条件的学校根据自身的办学宗旨、人才培养目标等推荐的要求。高校英语课程教学的三个要求所涉及的内容主要包括六点,即听力理解能力、口语表达能力、阅读理解能力、书面表达能力、翻译能力以及推荐词汇量,具体分析如下。

(一)高校英语课程教学的一般要求

1.听力理解能力

在听力理解方面,高校英语课程教学要求学生做到五个方面的内容:第一,基本上能够跟上教师英语授课的步子;第二,能够听懂日常简单的英语交流;第三,能够听懂语速较慢、内容简单的英语讲座和英语广播;第四,能够听懂一般篇幅的内容，并能抓住要点；第五，能够运用基本的听力技巧。

2.口语表达能力

在口语表达方面，高校英语课程教学要求学生主要做到四个方面的内容：第一，在日常学习和生活中能够进行简单的英语交流；第二，能够用英语对某一话题或主题进行讨论；第三，能够在有所准备的基础上，对熟悉的话题进行阐述，且语音、语调等基本准确；第四，能够在交谈中运用会话策略。

3.阅读理解能力

在阅读理解方面，高校英语课程教学要求学生做到四个方面的内容：第一，基本上能够读懂篇幅一般的英文文章（阅读速度为每分钟 60～80 词）；第二，在借助英语词典等工具的基础上，能够阅读篇幅较长的英文报刊或文章，并能理解报刊或文章的主要事实与细节观点等；第三，能够读懂日常生活中见到的英文材料等；第四，能够在阅读中使用有效的阅读方法。

4.书面表达能力

在书面表达方面，高校英语课程教学要求学生做到四个方面的内容：第一，能够完成一般性的写作任务；第二，能够在指定的时间完成常见的应用文写作；第三，写成的文章应满足内容基本完整、中心思想明确、无或较少语法错误等要求；第四，能掌握基本写作技能。

5.翻译能力

在翻译方面，高校英语课程教学要求学生做到两个方面的内容：第一，能够在借助英语词典等相关工具的基础上，对常见题材的文章进行英汉互译；第二，译文基本正确、内容基本完整、中心思想基本明确。

6.推荐词汇量

在词汇量方面，高校英语课程教学要求学生掌握 4795 个单词、700 个词组。其中，约有 2000 个单词是需要学生在认知的基础上，能够在口头或书面表达中熟练运用的。

（二）高校英语课程教学的较高要求

1.听力理解能力

就听力理解而言，高校英语课程教学要求学生做到四个方面的内容：第一，能够较为轻松地跟上老师用英语讲授的专业课程；第二，能够听懂语速适中、内容难易适中的英语广播和电视节目；第三，能够听懂较长篇幅的内容，并能掌握其中心大意；第四，熟练掌握听力技巧。

2.口语表达能力

就口语表达而言，高校英语课程教学要求学生做到四个方面的内容：第一，能够用英语对某一话题进行比较流利的会话；第二，能够比较清楚地表达自己的观点、情感等；第三，在进行口语表达时，逻辑清晰，语音、语调正确；第四，能够熟练运用会话策略。

3.阅读理解能力

就阅读理解而言，高校英语课程教学要求学生做到三个方面的内容：第一，能够读懂大众性英语报刊上的文章（阅读速度为每分钟 70～90 个词）；第二，能够阅读所学专业的综述性文献，并能抓住文献的中心思想与相关细节；第三，熟练掌握阅读方法与技巧。

4.书面表达能力

就书面表达而言，高校英语课程教学要求学生做到四个方面的内容：第一，能够就一般性的主题完成英语写作；第二，能够描述各种图表；第三，写成的短文内容完整、条理清晰、无语法错误；第四，熟练掌握写作技巧。

5.翻译能力

就翻译而言，高校英语课程教学要求学生做到五个方面的内容：第一，能摘译所学专业的英语文献资料；第二，在借助英语词典等相关工具的基础上，能翻译大众性报刊上的常见题材的英文文章；第三，英汉译速度为每小时 350 个词左右，汉英译速度为每小时 300 个词左右；第四，译文通顺，理解正确；第五，熟练掌握翻译技巧。

6.推荐词汇量

就词汇量而言，高校英语课程教学要求学生掌握 6395 个单词、1200 个词组。其中，约有 2200 个单词是需要学生在认知的基础上，能够在口头或书面表达中熟练运用的。

(三)高校英语课程教学的更高要求

1.听力理解能力

在听力理解方面,高校英语课程教学要求学生做到三个方面的内容:第一,能够听懂以英语为通用语言国家的广播和电视节目,且能够抓住要点;第二,能够听懂以英语为通用语言国家人士正常语速的谈话;第三,能够听懂用英语讲授的专业课程和讲座。

2.口语表达能力

在口语表达方面,高校英语课程教学要求学生做到三个方面的内容:第一,能够较为流利地就一般性话题进行讨论;第二,能够用间接的语言准确地概括篇幅较长的文章和有一定难度的对话;第三,能够在国际会议和专业交流中宣读论文并参加讨论。

3.阅读理解能力

在阅读理解方面,高校英语课程教学要求学生做到两个方面的内容:第一,能够读懂有一定难度的英文报刊上的文章;第二,能够比较顺利地阅读所学专业的英文资料。

4.书面表达能力

在书面表达方面,高校英语课程教学要求学生做到三个方面的内容:第一,能够用英文撰写与专业相关的报告和论文;第二,能够以书面的形式准确、自如地表达自己的观点;第三,能够在规定时间内写出一定字数的议论文或说明文(通常为 30 分钟写出 200 个词左右的文章),且中心主题明确、文章结构清晰、逻辑性较强。

5.翻译能力

在翻译方面,高校英语课程教学要求学生做到四个方面的内容:第一,在借助词典等相关工具的基础上,能够翻译所学专业的相关资料以及大众性报刊上的有一定难度的英文文章;第二,能翻译介绍中国国情或文化的文章;第三,英汉译速度为每小时 400 个词左右,汉英译速度为每小时 350 个词左右;第四,译文内容准确、语言表达错误少。

6.推荐词汇量

在词汇量方面，高校英语课程教学要求学生掌握7675个单词、1870个词组。其中，约有2360个单词是需要学生在认知的基础上，能够在口头或书面表达中熟练运用的。

三、高校英语课程教材

教材是融时代特色、教学培养目标、教学理念、学习认知规律于一体的教学材料，在教学活动中扮演着重要角色。就高校英语课程教材而言，由上海外语教育出版社的出版的《大学英语课程教学要求》，是当下高校英语教材编写的主要依据，该书明确指出了高校的英语课程教学应以提高学生的英语学习能力、交际能力以及文化素养为目标。这里笔者主要介绍两种高校英语课程教材，即《新视野大学英语》《全新版大学英语综合教程》。

（一）《新视野大学英语》

1.《新视野大学英语》简介

《新视野大学英语》是一套教学理念独到、教学模式创新的立体化高校英语教材，2001年首次出版，至今已更新至第三版，该教材凭借先进的教学理念、丰富的教学内容、多样的活动设计、立体化的教学支持，取得了良好的教学效果，长期以来广受师生好评。

《新视野大学英语》系列教材的设计、编写和制作主要从三个方面延伸了大学英语的发展空间，分别是传统的课本与光盘、网络课程相结合，课堂教学与网络教学相结合，语言学理论与教学实践相结合。

2.《新视野大学英语（第三版）》编写依据

《新视野大学英语（第三版）》的编写依据主要有三个，具体分析如下。

就课程性质而言，教材要体现工具性与人文性的有机结合。《新视野大学英语（第三版）》一方面遵循通用英语阶段语言学习规律，采取有效的教学方法，提高高校学生的英语学习能力与应用能力；另一方面通过有针对性的材料设置与活动设计，来全面提升高校学生人文素养与综合素质。《新视野大学英语（第三版）》正是通过在这两个方面进行深入的思考与探索，实现了工具性与人文性的有机结合。

就教学目标而言，教材要体现个性化教学的需求。《新视野大学英语

(第三版)》是根据高校通用英语课程的教学要求编制的,其目标主要有两个:一是提高学生英语听、说、读、写、译等语言技能:二是开阔学生视野、提高学生学习能力、提升学生的文化素养。此外,《新视野大学英语(第三版)》在主体内容、词汇分布等方面设置了四个递进的难度模块,高校教师可以根据学生的实际情况进行个性化化选择,这不仅有助于个性化教学的开展,而且有助于提高学生的英语学习兴趣与学习能力。

就教学手段而言,教材要体现教学的全方位、个性化与便捷性。《新视野大学英语(第三版)》根据学生学的特点、教师教的习惯、学校教学环境的变化,充分利用现代信息技术,创建升级版外语数字化教学平台,为教师的教与学生的学提供全方位的支持。此外,《新视野大学英语(第三版)》还通过提供开放式、交互式的学习资源,满足学生的个性化学习需求,从而提高了高校教学效率与高校学生的学习效果。

3.《新视野大学英语(第三版)》教材特色

《新视野大学英语(第三版)》教材的特色主要表现在四个方面,具体内容如下。

第一,选材具时代气息,体现思辨性与人文性。《新视野大学英语(第三版)》根据时代发展特点以及新一代大学生的特点,选则富有时代气息的内容入教材,具体来说,涵盖社会、历史、经济、科技等不同领域的内容。《新视野大学英语(第三版)》在选篇上注重思想性与趣味性的结合,文章安排方面注重不同观点之间的交叉与碰撞,意在培养高校学生的思辨力与创造性思维。

第二,练习活动形式多样。《新视野大学英语(第三版)》的练习设计在遵循语言学习规律的基础上,将输入与输出、线上与线下相结合,设计出既包括单项技能训练,又涵盖综合语言运用的练习活动,为培养高校学生的语言能力、提高他们的综合语言运用能力提供了一个良好的平台。

第三,教学设计循序渐进。《新视野大学英语(第三版)》的教材设计是在对高校英语教学现状以及高校学生英语水平充分调研的基础上进行的,它的编写不仅考虑了基础教育阶段英语教学及学生英语学习的状况,而且充分考虑了基础教育阶段与高等教育阶段英语教学的衔接,这使得高校的英语教学设计定位清晰、难度逐步升级。

第四,教学资源丰富立体。《新视野大学英语(第三版)》倡导课堂教育与自主学习相结合的教学模式,通过创建外语数字化教学平台,为高校教师提供丰富的教学资料、立体的教学环境,从而促进高校教师教学能力的进步,进而提高高校学生的英语学习能力。

(二)《全新版大学英语综合教程》

1.《全新版大学英语综合课程》简介

《全新版大学英语综合课程》是由李荫华、王德明主编的高校英语教材,2001年由上海外语教育出版社首次印刷出版。该教材教学理念先进、教学内容丰富、教学活动多样,长期以来广受师生好评。

在课程组合方面,《全新版大学英语综合课程》由综合、听说、阅读、快速阅读四种教程及语法手册组成,四种教程之间相辅相成,构成一个有机整体。

在综合应用能力培养方面,《全新版大学英语综合课程》每单元都围绕一个反映当代生活实际的主题展开。在兼顾语言知识、应用技能、学习策略和跨文化交际等内容的基础上,指导学生全面深入地获取并掌握与各主题有关的语言文化知识,并针对该现实主题进行语言综合应用能力的培养和训练。

在配套体系方面,《全新版大学英语综合课程》配有录音磁带、多媒体教学光盘、试题库和"新理念大学英语(全新版)网络教学系统",体系配套完备,不仅能够为高校教师构建一个全新的课堂教学模式提供有力的帮助,而且能为高校学生的自主学习、交互学习创造一个良好的环境。

2.《全新版大学英语综合课程》编写的指导方针

《全新版大学英语综合课程》编写的指导方针主要体现在三个方面:第一,充分汲取我国在高校外语教学中积累下来的经验与方法;第二,详细分析、研究我国高校学生在英语学习过程中遇到的各种问题;第三,学习、借鉴国外的教学理论与方法。

3.《全新版大学英语综合课程》编写原则

《全新版大学英语综合课程》编写的原则主要包括五个方面的内容,具体内容如下。

第一,倡导基础课堂教学与计算机教学相结合。计算机网络的发展为高校英语教学提供了一个良好的平台,将基础课堂教学与计算机教学相结合,不仅能够丰富高校的语言教学环境、教学手段,而且能够为高校学生的个性化学习、语言操练创造一个有利的环境。

第二,倡导学生自主学习,同时主张发挥教师的主导作用。《全新版大学英语综合课程》认为,高校英语教学不仅要重视学生主体性作用的发挥,还应注重教师主导作用的发挥，只有将两者有机结合起来，才能提高教师教的能力以及学生学的能力。

第三，重视对学生听、说、读、写、译等能力的培养。《全新版大学英语综合课程》在编写时充分考虑高校学生英语学习能力的整体性，通过设计多样化的课内外练习活动、提供丰富的网上网下学习资源，来为学生听、说、读、写、译等能力的培养提供有力的支持。

第四，选用当代英语的常见语体、文体为素材。《全新版大学英语综合课程》的选文具有时代气息，不仅题材广泛（以反映现实生活为主），而且体裁多样、语体丰富，这为高校学生英语学习能力的提高提供了有力的支持。

第二节　高校英语教师教学探究

一、高校英语教师角色

高校英语教师在高校英语教学活动中起着重要作用，其作用的有效发挥首先需要高校英语教师明确自己的身份和角色。这里主要对高校英语教师在传统教学中扮演的角色，以及新时代高校高校英语教师角色的变化进行分析。

（一）高校英语教师在传统教学中扮演的角色

在传统的英语教学中，教师所扮演的角色通常为语言知识的传授者、语言行为的示范者、课堂活动的控制者与评价者。

就语言知识的传授者而言，高校英语教师注重学生对自己所传授的英语知识的掌握程度；就语言行为的示范者而言，高校英语教师在具体的教学时间活动中，通常先做示范（具体包括听、说、读、写等），然后由学生模仿，直至掌握；就课堂活动的控制者与评价者而言，高校英语教师通常会事先设计好课堂上的问答、讨论等活动内容，以实现对课堂的绝对掌控；就课堂活动的评价者而言，高校英语教师通常根据学生对自己所设计教学活动的完成情况，以及学生在课堂上的具体表现来对学生做出评价。

综上所述，在传统英语教学活动中，教师更重视学生对知识的掌握程度、关注自身教学活动的完成情况以及对学生的绝对掌控，而对学生在教学过程中的情感投入、个性发挥、学习能力的培养等很少关注，这些都使得传统英语教学活动步履维艰，必须对其进行必要的改革，来适应时代的发展需要以及学生全面发展的需要。

（二）新时代高校英语教师角色的变化

新时代高校英语教师的角色发生了改变，由传统的语言知识的传授者、语言行为的示范者、课堂活动的控制者与评价者，转变为信息资源的收集分析和提供者、课堂教学活动的组织者和合作者、学生学习过程的引导者和帮助者、信息学习环境的管理者与开发者、终身学习者和教学研究者。

1.信息资源的收集分析和提供者

随着现代社会信息化的快速发展，高校学生可以接触的学习资源越来越多，但由于缺乏必要的经验，他们在面对多样化学习资源时往往无所适从，不知该如何利用。这时教师就应该凭借其丰富的教学经验，在广泛收集各种学习资源的基础上，将这些资源加以深入地分析和处理，然后以多媒体和网络的形式有选择性地提供给学生，从而为学生的英语学习提供有针对性的学习资源，进而提高学生的英语学习能力。

2.课堂教学活动的组织者和合作者

课堂教学活动的组织者主要体现为高校英语教师要根据学生的英语水平、学习动机等，设计出与学生的生活、学习等实际情况密切相关的教学内容和教学方法，从而使学生能够参与、愿意参与到课堂教学活动中来。

课堂教学活动的合作者主要体现为高校英语教师要切实地参与到学生的学习活动中去，与学生一起学习、一起活动，这样不仅能够及时地发现学生在学习过程中潜在的问题以及出现的问题，而且能通过发挥自身“穿针引线”的作用，协助学生及时解决问题，从而为学生的英语学习提供有力的支持。

3.学生学习过程的引导者和帮助者

学生学习过程的引导者和帮助者主要体现在高校英语教师在教学活动中，要善于运用启发式的教学方法，引导学生领悟知识的内涵，帮助学生掌握英语学习的技巧。通过教师的引导与帮助，学生能够自主解决问题，这在很大程度上能激发学生的学习动机与自主探索的欲望，从而有助于学生自主学习习惯的形成，进而有助于学生英语学习能力的提高。

4.信息学习环境的管理者与开发者

在传统的教学模式中，英语教师的管理主要体现在对课堂教学活动的控制与调节。而在新的教学模式(以计算机、教学软件等为主的个性化教学模式)中，由于学生的学习渠道更加多元化，除课堂学习外，还可以通过计算机、教学软件等进行独立学习或协作学习。所以，教师不仅要掌握计算机的相关知识与技能，还要积极设计更好的教学课件，并将它们运用到具体的教学活动中，为学生的英语学习创造一个富有知识性与趣味性的环境。

5.终身学习者和教学研究者

高校英语教学改革要求教师要不断提高自身的教学能力、探索教育教学的规律，这就决定了高校英语教师还要担负起终身学习者与教学研究者的角色。

就终身学习者而言，高校英语教师可以从四个方面入手：第一，树立终身学习理念；第二，继续扎实自身的基本功；第三，注重自身知识结构的更新；第四，积极学习并掌握现代信息技术手段。

就教学研究者而言，高校英语教师要不断强化自身的科研意识，充分认识到教学研究在教学活动中的重要性，并将教学研究作为教学工作的重要内容，在提高自身教学研究能力的基础上提高自身的教学水平。

(三)高校英语教师角色转变的方法

1.转变教学观念

所谓教学观念，主要是指教师对所追求的教学目标以及为什么要追求这一目标的认识，它是教师对教学的一种主观期望与价值判断。

教学观念的转变要求高校英语教师在教学活动中要以学生为主体，充分发挥学生的主体作用，积极与学生合作，从而激发学生学习的积极性与主动性，进而使学生在有限的时间内掌握更丰富的知识与技能。

2.具备相应素质

(1)语言素质

语言素质主要是指教师所具备的语言综合水平。就高校英语教师而言，其在教学活动的过程中，不仅要系统地掌握英语的语音、语法体系，具有一定的词汇量，还应具备听、说、写、译等能力。

(2)理论素质

就英语课程教学本身而言，其是一个典型的“系统工程”，涉及语言学、文化学等众多学科的内容，所以借鉴语言学、文化学等理论进行英语教学大有必要。就高校学生而言，其在学习英语的过程中，意识、价值观等会不断深入发展，这就需要英语教师具备一定理论素养，以对学生的变化进行正确的认识与积极的指导。

(3)合理使用教材的素质

合理使用教材的素质主要指高校英语教师所具备的驾驭教材的素质，这种驾驭主要体现在两个方面：一方面，高校英语教师能够对所使用教材的优劣进行恰当的评价；另一方面，高校英语教师能够在恰当评价的基础上，合理使用教材，诸如根据实际需要增删教材内容等。

(4)教学实践素质

教学实践素质即高校英语教师在教学实践活动中所具备的素质，主要包括三个方面的内容：第一，传授英语知识、培养英语技能的能力；第二，英语教学的组织能力；第三，综合教学能力。

(5)科研素质

就英语教学活动而言，科研的目的在于找出提高教师教学能力以及学生学习成绩的办法。教师具备一定的科研素质，有利于这一目的的实现。具体来说，英语教学的科研对象涉及本体论、实践论、方法论三个方面的内容。其中，本体论主要研究哲学方法问题，涉及语言的本质、语言学习的过程两个方面；实践论主要研究如何实施的问题，比如大纲制定、教材编写等；方法论主要研究英语教学活动过程中的教学方法与教学手段。

二、高校英语教师教学话语

(一)教师教学话语的定义

所谓教师教学话语，主要是指教师在教学活动过程中所使用的语言。在高校英语教学活动中，为了与学生进行有效的交流，英语教师往往会违反正常的语言规则，将语言进行必要的简化。通常来说，简化范围主要包括两个方面的内容：第一，使用相对简单的词汇与语法；第二，对话题进行自我重复，且常将话题置于句首，如 Her passport? Where did she leave her passport?

简言之，从语言形式上看，教师教学话语是为了达到教学目的，经过人为改变、简化了的语言；从功能上看，教师的教学话语在于解释语言、提供和获取信息。

（二）教师教学话语遵循的原则

1.遵循有效性原则

高校英语教师的教学话语首先要遵循有效性原则。所谓有效性，即教师在各种语言环境中都能以学生可接受的方式完成教学活动。要使高校英语教师的教学话语具备有效性，需要满足四个方面的要求：第一，要求教学话语具有“可领会性”，即教师在课堂教学活动中所使用的语言是言语交往双方能相互理解的；第二，要求教学话语具有“真实性”，即教师在课堂教学活动中所陈述的内容是真实的；第三，要求教学话语具有“真诚性”，即教师在课堂教学活动中用真诚的语言表达自己的意向，从而使学生信任他；第四，要求教学话语具有“正确性”，即教师在课堂教学活动中所使用的语言符合约定俗成的规范，使学生在理解这一规范的基础上能就某一教学内容达成共识。

2.遵循合作原则

美国哲学家格莱斯认为，在所有的语言交际活动中，为了达到特定的目的，交往双方之间存在一种双方都要遵守的原则，即合作原则。这一原则主要包括四个方面的内容，分别是数量准则、质量准则、关联准则和方式准则。就高校英语教师教学话语而言，数量准则要求教师要注重讲课的信息量，对于新的知识可以适当延长讲授时间，而对于学生已经熟知的内容则尽量不讲或少讲；质量准则要求教师所讲的内容必须是真实的，不能因为自己不知道而讲出没有根据或不真实内容；关联准则要求教师上课的话语要围绕学习目标和教学任务进行，切忌东拉西扯；方式准则要求教师的话语要简洁明了、逻辑清晰，尽量少用或不用冗长词缀或语句。

3.遵循礼貌原则

高校英语教师在教学活动中的话语还要遵循礼貌原则，具体来说包括尊重学生、谦虚、热情、温文尔雅四个方面的内容。其中，尊重学生要求教师所选用的教学话语要顾及学生的“面子”，考虑学生的人格、尊严等；谦虚要求教师对学生所提出的问题、质疑等以积极、认真的态度对待，并使用肯定的话语直面学生所提出的问题与质疑；热情要求教师的教学话语要充满力量与关怀，使学生感受到教师的真诚，从而使学生对教师产生信任感；温文尔雅要求教师的教学语言符合一定的标准，比如正确、有逻辑等。

三、高校英语教师教学提问模式

(一)教学提问的功能与作用

教学提问在高校英语教学活动中扮演着重要的角色,不同的学者对教学提问的功能与作用进行了不同的阐述,表 2-1 为 L.H.克拉克和 I.S.斯塔尔关于教学提问的功能与作用的阐述。

表 2-1 L.H.克拉克和 I.S.斯塔尔关于教学提问的功能与作用的阐述

学者	教学提问的功能与作用
L.H.克拉克和 I.S.斯塔尔	查明某人所不知道的知识; 查明某人是否掌握某项知识; 发展思维能力; 促使学生学习; 作为训练或练习的手段; 帮助学生组织、解释学习材料; 突出学习的重点; 发现学生的兴趣; 培养鉴赏能力; 作为复习的手段; 练习表达思想; 揭示学生的心理过程; 表达意见的一致或不一致; 与学生建立亲密的合作关系; 用以诊断教学; 用以评价教学; 引起不专心学生的注意

L.H.克拉克和 I.S.斯塔尔对教学提问的功能与作用的阐述虽然比较详细,但也存在罗列之嫌,琐碎的项目之间存还在一些重叠之处。相较而言,威伦等学者关于教学提问的功能与作用的阐述更为精练一些,他们认为教师教学提问的功能与作用主要包括五个方面的内容,具体分析如下。

第一,教学提问在一定程度上能够被用来完成教学活动过程中相对宽泛的教学目的。比如,可以通过对过去某一阶段学生所学知识的提问,来对学生对知识的掌握状况进行判断与了解,从而为之后教学目标的制定提供有益的参考。

第二，教学提问能够提高学生的学习成绩。威伦等通过实验研究发现，教师的教学提问与学生的学习成绩呈正相关关系。比如，高频率的口头提问能起到督促学生学习的作用，进而有助于提高学生的学习成绩。

第三，教学提问能促使学生更加主动地参入到课堂互动中。具有一定难度的教学提问，不仅能够引起学生思考的积极性，而且能够引发学生之间的交流与合作，从而使学生以更加积极主动的态度参与到课堂教学活动中来。

第四，教学提问能够在一定程度上起到鼓励学生思考的作用。关于这一点，第三种已有简短的阐述，需要注意的是，教师教学提问的难度需要合理控制，如果教学提问过难，不仅起不到鼓励学生思考的作用，反而会打击学生学习的积极性与主动性。

第五，教学提问能促使学生提出更好的问题。威伦等通过实验研究发现，教师的教学提问不仅能在一定程度上鼓励学生独立思考，而且能够使学生在解决问题的过程中发现并提出更多、更好的问题，这又促使学生以更加积极的态度去解决新产生的问题，进而提高学生解决问题的能力。

此外，关于教学提问功能与作用的阐述，比较有代表性的观点，还有汉金斯在《提问技巧与策略》的阐述，以及卡林和桑德在《发展提问技巧中》的阐述，具体内容如图 2-1 所示。

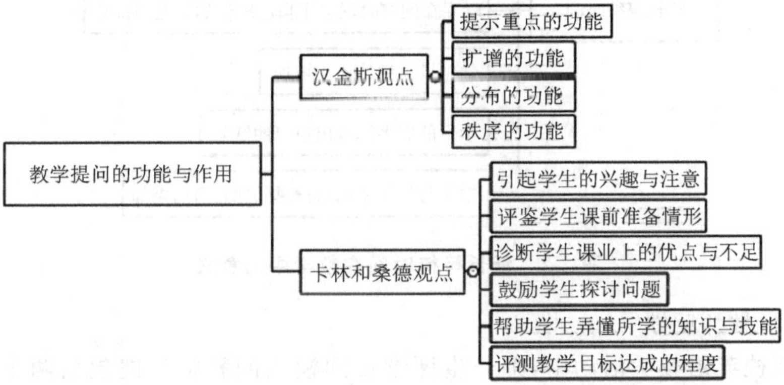

图 2-1 汉金斯、卡林和桑德关于教学提问过难与作用的阐述

（二）教学提问的模式

1.师一生课堂提问模式

(1)提问类型

高校英语教学活动中，师一生课堂提问模式的提问类型主要有两种：一种是展示式提问;另一种是参考式提问。其中,展示式提问是对已知信息的提问,它是教师最常用的一种提问类型,主要目的是让学生展示他们的语言知识;参考式提问主要是指教师在课堂中进行的、没有固定答案的、学生可以各抒己见的提问类型。

(2)提问方式

高校英语教学活动中,师一生课堂提问模式的提问方式主要有四种:指定学生回答、要求学生集体回答、学生自愿回答、教师自己回答。

(3)等待时间

教师在提问后等待学生回答问题时间的长短对教学也有着重要意义。这从罗(Rowe)的研究中可以看出,罗通过研究发现,通常情况下教师在提出问题后,如果学生在 3 秒内回答不出来,教师就会强行干预。但当教师耐心等待的时间延长至 3～5 秒,甚至更长时间,学生参与教学活动的积极性就会更高。延长等待时间对教学活动的意义如图 2-2 所示。

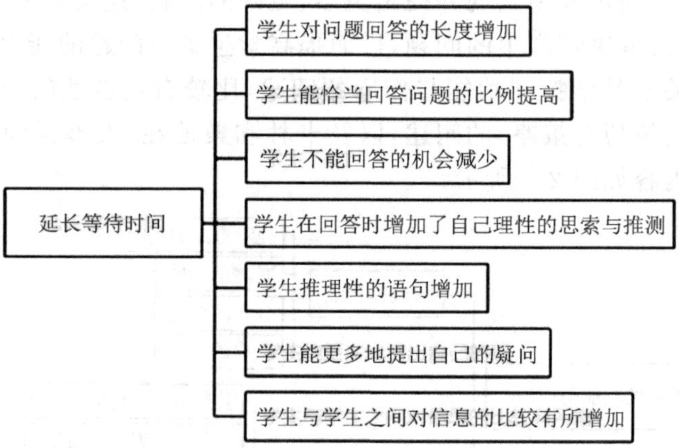

图 2-2　延长等待时间在教学中的意义

(4)教师反馈

高校英语教学活动中,师一生课堂提问模式的教师反馈包括两个方面的内容:一是教师反馈的分类;二是教师反馈对学生的作用。其中,教师反馈的分类有两种,即肯定的反馈与否定的反馈。教师反馈对学生的作用也可分为两种,肯定的反馈能够在很大程度上提升学生的自信心,从而激发学生学习的动力;而否定的反馈则会打击学生学习的积极性,极大地削弱学生学习的兴趣。

2.生一师课堂提问模式

相较于师一生课堂提问模式，在高校英语教学活动的生一师课堂提问模式下，学生有更多的主动性。学生提问是课堂参与形式中较高层次的“认知卷入”(Cognitive involvement)，国内外的很多研究都肯定了“认知卷入”在教学活动中的作用与价值。生一师课堂提问模式的功能如图 2-3 所示。

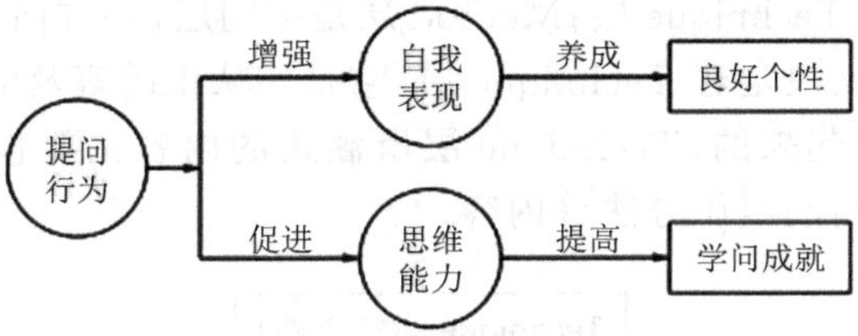

图 2-3　生一师课堂提问模式的功能

3.生一生课堂提问模式

高校英语教学活动中的生一生课堂提问，指的是一种学生提出问题、学生自己解决问题的提问模式。在这种提问模式下，提出问题、解决问题的主体都是学生，这有助于提高学生学习的热情，并使学生的思维能力、解决问题能力得到锻炼，从而提高学生的学习能力。但比较遗憾的是，由于种种原因，比如教师担心无法有效掌控课堂、无法按时完成教学任务等，使得生一生课堂提问模式在高校英语教学活动中很少被运用。

四、高校英语教师教学方法及策略

(一)教学方法的内涵与框架

1.教学方法的内涵

教学方法是关于理论基础和操作程序的教学思想体系，涉及多方面的内容，比如语言的本质、语言教学的目的、教学大纲体系、教学技巧等。它不仅是教师运用相关材料进行指定教育的手段，更是对教学内容、教法体系等的科学概括。

2.英语教学方法的框架

了解与掌握英语教学方法的框架，不仅能够使英语教师形成自己的教学风格、建立独特的教法体系，而且有助于学生了解英语教学内部的相关问题，然后进行有针对性的听课，进而提高自己的英语学习水平。这里主要介绍安东尼的 AMT 三级构架模式和王才仁的五层框架结构模式。

(1)AMT 三级构架模式

安东尼的 AMT 三级构架模式包括三层内容，如图 2-4 所示。其中，Approach 层是基础层，是有关语言本质的基本观点，它直接或间接地决定着 Method 层和 Technique 层；Method 层是中间层，一方面被 Approach 层决定，另一方面又决定着 Technique 层，它是在认识语言及语言学习本质特征的基础上建立起来的；Technique 层所涵盖的内容主要包括英语教学活动的技巧策略、活动组织方法等内容。

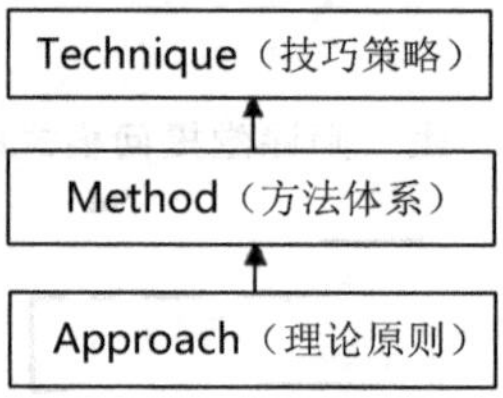

图 2-4　AMT 三级构架模式

(2)五层框架结构模式

王才仁在综合前人研究的基础上，提出了五层框架结构模式，具体内容如图 2-5 所示。王才仁的五层框架结构模式不仅明确了不同层次之间的相互关系，而且通过有效的教学策略这一层将与英语教学方法论相关的内容分成两部分，即科学范畴的理论部分与艺术范畴的实践部分。其中，科学范畴的理论部分包括 Methodology 层与 Approach 层，艺术范畴的时间部分包括 Method 层和 Technique 层。五层框架结构模式的形成，极大地推动了我国英语教学方法理论研究的发展。

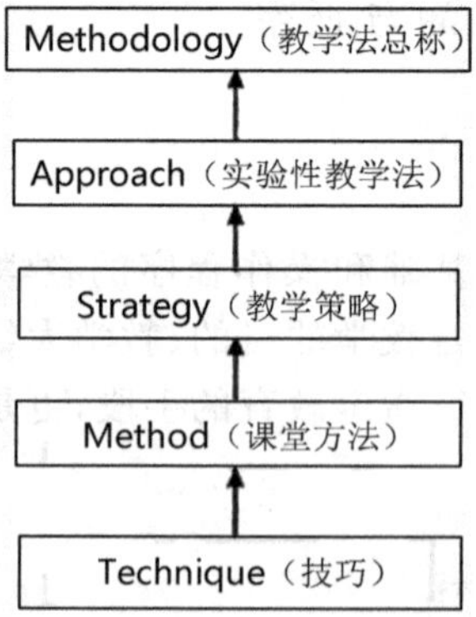

图 2-5　五层框架结构模式

(二)教学策略的制定

1.教学策略的构成

教学策略的构成主要包括三个方面的内容,分别是指导思想、教学目标和程序实施。

(1)指导思想

指导思想是教师制定教学策略最关键的因素。为了保证教学活动的顺利开展、达到相应的教学目的、避免教学活动中出现盲目教学现象,教师在制定教学策略时,应该在明确的指导思想指挥下,制定有价值的、可执行的教学策略。

(2)教学目标

教学目标是教学策略的核心内容。因为在教学活动中,无论制定何种教学策略、运用何种教学方法,都是为了完成相应的教学目标。

(3)程序实施

由于教学活动具有一定的不确定性,所以教学策略的实施程序也是在不断变化的。这就要求教师在实施教学策略的过程中,要根据具体教学环境对操作程序进行相应的调整。

2.教学策略的特点

教学策略的特点主要有三个,分别是指向性、操作性和调控性。其中,指向性主要是指教师在制定教学策略时,要以一定的教学目标为依据,并在具体的教学实践活动中灵活运用;操作性主要是指教师所制定的教学策略要有价值,并且可以执行;调控性主要是指教师在具体的教学实践中,要根据具体的情况对教学策略进行适当的调控。

3.教学策略的分类

根据不同的标准,可以将教学策略分为不同的类型。通常情况下,学者们多从两个角度对教学策略进行分类,即按照教学活动的要素分类以及按照教学环节分类,具体内容如图 2-6 所示。

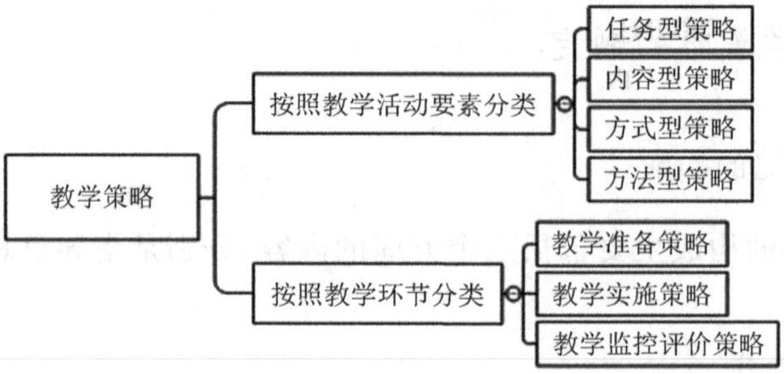

图 2-6　教学策略的分类

4.教学策略的制定标准

教学策略的制定标准可以从五个方面来理解:教学目标、教学内容、教学环境、教师的教学能力、学生的认知能力。其中,教学目标是教学策略制定的方向性指导;教学内容是教学策略制定的内容依据;教学环境包括物质环境(如教学设施等)和文化环境(如校风校纪等),它是教学策略制定与执行的重要保障;教师的教学能力与学生的认知能力也是教学策略制定重要依据,教师在制定教学策略时不仅要对自己的教学能力有清晰的认识,而且要对学生的认知能力有一个准确的把握,以保证所制定的教学策略具有适用性和可执行性。

(三)教学策略与运用

1.组织策略

(1)组织策略的构成

组织策略主要由组织决策与组织行动两部分构成。

组织决策主要是指教师通过对教学活动的预测、分析,最终确定的方案,以及对可能出现的问题事先所采取的对应措施。组织决策的特点主要有四点,即生成性、预测性、协调性以及全程性。组织决策繁荣价值主要体现在两个方面:一方面它有助于增强教师的组织观念意识;另一方面它能够在一定程度上提升教师的专业水平与决策能力。

所谓组织行动,指的主要是教师在组织决策的基础上所表现出的一切教学活动的总和。组织行动在教学活动扮演着重要的角色,主要体现在两个方面:第一,组织行动的目的在于解决教学活动中出现的各种问题,从而提高学生的学习能力及教师的教学水平;第二,组织行动所具有的协调功能,能够在很大程度上处理好师生之间、生生之间的关系,从而为教学活动的顺利展开营造一个良好的环境氛围。

(2)组织策略的内容

就高校英语教学而言，组织策略主要包括三个方面的内容，即英语知识组织策略、课堂教学组织策略以及课外活动组织策略。其中，英语知识组织策略的内容包括语音知识组织策略、语词知识组织策略、语法知识组织策略以及文化知识组织策略；课堂教学组织策略包括组织设计、组织实施、组织素质、组织方法四个方面的内容；课外活动组织策略是指英语教师在课外活动过程中所采取的各种丰富学生课外生活、帮助学生理解英语重要性的策略的总和。

(3)组织策略的运用

高校英语教师在教学活动中可以采用一些新的教学方法，通过实施有针对性的组织策略，来推动教学活动的顺利开展。以英语知识组织策略在高校英语教学中的运用为例，英语知识组织策略不仅能够有效地提高教师的教学质量，而且能够对学生的英语学习产生巨大影响，英语知识组织策略的具体实施如表 2-2 所示。

表 2-2　英语知识组织策略的具体实施

策略	遵循原则
语音知识组织策略	①学生能准确发音； ②学生能将语音应用到特定语境中； ③对发音困难的学生给予及时的帮助
语词知识组织策略	①语词选择准确恰当； ②学生能将语词应用到指定的句子中； ③语词知识讲授与学习策略讲授相结合
语法知识组织策略	①语法知识选择符合实际需要 ②语法教学以服务实际生活为重点； ③注重语法教学的多样性
文化知识组织策略	①文化知识讲授与教学活动相结合； ②在教学实践中引导学生感受不同文化的差异； ③引导学生正确对待不同文化；

2.管理策略

(1)管理策略的作用

管理策略的作用主要体现在三个方面：第一，通过创设良好的课堂环境，推动教学活动的顺利开展；第二，通过加强师生之间、生生之间的交流与合作，提高学生的课堂参与度；第三，通过激发课堂活力，促进学生的持久发展。

(2)管理策略的原则

管理策略的原则主要包括两个方面的内容，即维持课堂秩序原则和尊重学生原则。其中，维持课堂秩序原则要求教师做到以下几个方面的内容：第一，课前了解学生的兴趣爱好；第二，与学生建立良好的师生关系；第三，提高学生的自觉性，使学生养成良好的课堂习惯；第四，与学生共同建立师生之间的行为标准。尊重学生原则要求教师做到两个方面的内容：第一，不体罚学生、不伤害学生的人格尊严；第二，认识并尊重学生的差异性。

(3)管理策略的运用

以纪律管理策略为例，分析管理策略在高校英语教学中的运用。纪律管理在课堂教学中具有重要作用，它能够规范学生的课堂行为、维持课堂秩序，为教学活动的顺利进行创造良好的条件，不仅有助于教学任务的顺利完成，而且有助于学生学习能力的提高。高校英语纪律管理策略的具体实施如表 2-3 所示。

表 2-3　高校英语纪律管理策略的具体实施

内容	举例
发挥学生的自我管理	组织、开展各种小组活动
发挥教师的管理功能	通过纪律管理手段，维持课堂纪律
设计有趣的学习任务	设计英语游戏活动，使学生积极参与其中，以此维持课堂纪律

3.提问策略

(1)提问策略的作用

提问策略的作用主要体现在四个方面：第一，集中学生的注意力、调动学生学习的积极性；第二，提高学生的课堂参与意识；第三，拓宽学生的思路，提高学生的思维力；第四，使教师准确了解学生，熟悉学生的学习情况。

(2)提问策略的原则

提问策略的原则主要有五个,即主题性原则、启发性原则、兴趣性原则、互动性原则以及层次性原则。其中,主题性原则要求教师在提问时,要围绕某一指定的主题展开提问;启发性原则是指教师提出的问题要有启发性,能够激发学生的求知欲,吸引学生参与到问答当中来;兴趣性原则要求教师在提问时,要将问题与学生的兴趣有机结合起来,并把握最佳的提问时间,从而激发学生参与课堂问答的兴趣;互动性原则要求教师在提问的过程中,态度要温和,允许学生充分发表个人意见,并对学生的回答给予肯定,从而使学生积极主动地参与到课堂教学活动中来;层次性原则是指教师在对学生进行提问时要遵循由浅入深、由易到难的原则。

(3)提问策略的运用

提问策略在高校英语教学中的运用,主要包括三个方面的内容:提问计划、问题设计、提问评估。其中,提问计划包括明确提问目的、选择提问内容两个方面的内容;问题设计包括问题调节、问题简化、讲究趣味性、以学生为中心、由浅入深五个方面的内容;提问评估常用的方式有三种,即引用、表扬和鼓励。

4.激励策略

(1)激励策略的内容

激励策略是指能够激发学生学习兴趣,吸引学生积极参与课堂教学活动的方式或方法,其内容包括各种用来控制课堂秩序、树立教师榜样等影响学生动机的因素。

(2)激励策略的原则

激励策略的原则主要有五个,即兴趣性原则、自主性原则、自我实现原则以及归属感原则,具体内容如表 2-4 所示。

表 2-4　激励策略的原则

原则	要求
兴趣性原则	①将学习内容和学生的成长联系起来; ②根据学生的喜好设计教学活动; ③组织学生讨论与其看法相悖的观点; ④在课堂教学中融入幽默故事、趣闻轶事; ⑤培养学生的发散性思维,设计脑激励活动

续表

原则	要求
自主性原则	①由学生决定完成作业的方式、时间； ②让学生如实评估自己的行为； ③让学生自己决定活动的方式； ④学生自己制定学习目标并监控自己的学习行为； ⑤学生的不良行为由学生自己审查，自行改正
自我实现原则	①组织设计评估性学习活动； ②根据具体情况设计弹性评估程序； ③参照评估程序评估学生的学习活动
归属感原则	①帮助学生学会聆听他人的感受、接受他人； ②尊重、关爱学生； ③适当安排一些竞争活动，让学生正确对待奖赏

(3)激励策略的运用

在高校教学活动中，为了激发学生的英语学习兴趣、提高学生的英语学习能力，高校英语教师应给学生设立明确且可行的目标，并且给予学生相应的鼓励与指导，使学生体会到英语学习的乐趣，并能有所收获。

高校英语教师在运用目标激励策略时，要做到三个方面的内容：第一，设立的目标难易程度要适宜；第二，设立的目标要有次层性与阶段性；第三，在学生完成目标的过程中，教师要给予鼓励与支持，当学生完成目标时，要肯定学生所取得的成绩。

(四)教学方法与实践

高校英语教学活动中常用的教学方法主要有三种，分别是情境教学法、交际型教学法和任务型教学法。

1.情境教学法

(1)情境教学法的原则

情境教学法的原则主要有三个，分别是独立自主性原则、轻松体验性原则和统一原则。其中，独立自主性原则主要体现在两个方面：一方面，合作关系是独立自主性原则的基本保障；另一方面，学生在学习的过程中居于主体地位，能够进行独立自主的学习。轻松体验性原则要求教师在情境教学活动中,引导学生发挥自己的想象去独立思考问题,并找出问题的答案。统一原则主要体现为教师在教学活动中,要注重对学生理智与情感的综合培养。

(2)情境教学法的实施

情境教学法的实施包括两个方面的内容:一是背景的设计;二是意义的构建。其中背景的设计包括相关范例设计、学习任务设计、学生的自主学习设计、教师的引导设计、学习资源设计、学习工具设计等内容;意义的构建则主要包括教学目标的剖析、自主学习策略的设计、协作式学习的设计三方面内容。

2.交际型教学法

(1)交际型教学法的原则

交际型教学法的原则有四个:以学生为主体原则、以意义为中心原则、以任务为指向原则以及真实性原则。

以学生为主体原则,要求高校英语教师在教学活动中从两个方面着手:第一,教师要营造出一种民主轻松的课堂氛围,使学生能够在课堂教学中畅所欲言;第二,教师要有意识地激发学生的主观能动性,培养学生发现问题、分析问题、解决问题的能力。

以意义为中心原则,要求高校英语教师在教学活动中更加注重英语的意义学习,尽量避免在教学活动中挑学生语法上错误行为的出现。只要学生能够较为完整且有逻辑地表达自己的观点与意见,教师就没有必要去指正学生语法上的错误,只需帮助学生顺利完成观点的表达即可。

以任务为指向原则,要求高校英语教师在教学活动中,给学生安排交际活动或分配任务,让学生能够在真实的交际中运用他们所学的语言,从而真正地掌握所学的语言。

真实性原则,主要包括三个方面的内容:第一,强调教学内容的真实性;第二,强调教学环境的真实性;第三,强调语言实践环节模拟的真实性。

(2)交际型教学法的实施

交际教学法的实施主要包括两个方面的内容,分别是设计教学活动、评价交际能力。

就设计教学活动而言,具有功能交际特征的活动主要有三种,即描述活动、猜词活动、简短对话。其中,描述活动是指教师提供给学生一个具体的物件或者一件具体的事情,让学生用英语描述出来的活动,这一活动有助于提高学生语言组织能力。猜词活动是指教师通过用英语解释单词的含义,让学生猜单词的意思并拼写出来,这一活动有助于提高学生思维的灵活性;简短对话就是教师在教学活动中,要求学生用简短的语言完成师生之间、生生之间的交流,这一活动能够在很大程度上提高学生的口语表达能力。

就交际能力评价而言,其主要包括三个方面的内容,分别是对运用目标语得体性的评价、对文化背景知识掌握的评价以及对约定俗成习俗掌握的评价。

3.任务型教学法

(1)任务型教学法的原则

任务型教学法的原则主要有六个:明确性原则、可行性原则、可达性原则、挑战性原则、实用性原则以及相关性原则。其中,明确性原则主要是指教师所制定的教学任务必须是明确的,诸如教学目的、教学重难点等都应该在教学任务中明确地体现出来;可行性原则要求教师制定的教学任务必须是可操作的;可达性原则主要是指教师所制定的任务是学生能够通过一定的努力完成的,这就要求教师所制定的任务不能太难;挑战性原则要求教师在制定教学任务的过程中,要认真把握好任务的难度,根据学生学习的具体情况与实际水平,设定有一定挑战性的任务;实用性原则要求教师在制定教学任务时,要以实用为起点,为学生提供真实、有用的信息;相关性原则要求教师在制定教学任务时,将语言知识的学习与社会使用有机结合起来。

(2)任务型教学法的实施

任务型教学法的实施分为三个阶段,即任务前、任务中和任务后。任务前是准备阶段,主要目的是激活学生的知识资源、重构学生的语言系统与思维方式;任务中是实施阶段,这一阶段,教师不仅要鼓励学生重构语言系统,还要通过开展各种小组活动,来提高学生的语言表达能力;任务后是评估、反思阶段,这一阶段,教师要对学生的英语学习情况进行客观的评估,并且要让学生对自己在完成任务过程中出现的错误或问题进行反思。

第三节　高校学生英语学习策略

一、学习策略的概念

"学习策略"作为一个完整的概念,虽然从提出到现在已经经历了很长一段时间,但目前学界对"学习策略"还没有形成一个统一的概念。关于"学习策略”概念的界定，当下有很多说法，比较有代表性的观点如表 2-5 所示。

表 2-5　学习策略的概念界定

学者	学习策略概念
杜菲	学习策略是内隐的学习规则系统
奈斯比特、舒克史密斯	学习策略是一套选择、整合、应用学习技巧的操作过程
丹塞路	学习策略是能够促进知识的获得、储存的一系列步骤
凯尔、比森	学习策略是一系列学习活动的过程
梅耶	学习策略是用以提高学习效率的任何活动
琼斯、艾米伦、凯蒂姆斯	学习策略是被用于编码、分析和提取信息的思维步骤
里格尼	学习策略是学生用于获得、保持、提取知识的各种操作与程序

二、学习策略的类型

由于不同学者对学习策略的定义各有不同，所以他们对学习策略的分类也不尽相同。迈克卡等按照学习策略涵盖的成分，将学习策略分为三类，分别是认知策略、元认知策略以及资源管理策略，具体内容如图 2-7 所示。

- 学习策略
  - 认知策略
    - 复述策略（如重复、抄写、画线等）
    - 精细加工策略（如想象、口述、总结、做笔记、类比、答疑等）
    - 组织策略（如组块、选择要点、列提纲、画地图等）
  - 元认知策略
    - 计划策略（如设置目标、浏览、设疑等）
    - 监视策略（如自我测查、集中注意力、监视领会等）
    - 调节策略（如调查阅读速度、重新阅读、复查、使用应试策略等）
  - 资源管理策略
    - 时间监督（如建立时间表、设置目标等）
    - 学习环境管理（如寻找固定的地方、安静的地方、有组织的地方等）
    - 努力管理（如归因于努力、调整心境、自我谈话、自我强化等）
    - 其他人的支持（如寻求教师或伙伴帮助、小组学习等）

图 2-7　学习策略的类型

根据学习策略的包含的成分，温斯坦将学习策略分为四类，即认知信息加工策略、积极学习策略、辅助性策略、元认知策略。在此基础上，温斯坦与同事们又编制了学习策略量表，这一量表包括十个分量表，分别是学习辅助手段、动机、焦虑、自我测查、态度、时间管理、信息加工、专心、应试策略、选择要点。

根据学习策略的可教性，比格斯将学习策略分为三类，分别是大策略、中策略、小策略。其中，大策略的可迁移性最大，可教性也最差；中策略的可迁移性较大，可教性也较好；小策略的可迁移性最小，可教性也最佳。

根据学习进程，加涅将学习策略分为四类，分别是注意策略、编码策略、操作策略（即指导如何使用某一策略）、检查策略（即检查学习策略的有效性）。

三、学习学习策略的原因

就高校英语教学活动而言，高校学生学习学习策略的原因主要包括三个方面的内容，如下分析。

第一，高校学生学习学习策略是为了提高自身使用学习策略的自觉性和积极性。一个学生如果没有掌握相应的学习策略，在很大程度上会阻碍其学习能力的提高。以高校英语专业为例，刚进入高校的新生，虽然他们也知道预习的重要性，但是因为课文中的生词量较大，大部分新生会在无意中将预习工作误认为是查单词，只有少数新生能够察觉到课文的重点与难点。这样一来，学生在听课的时候就会无所适从，抓不住课文的重点与难点，也赶不上教师解决重难点问题的节奏。长此以往，学生发现问题、解决问题的能力就会在无意中逐步下降。

第二，高校学生学习学习策略是为了在了解各种学习策略的基础上，做到择优而用，从而提高自己的学习能力。以背单词为例，高校学生常用的背单词的方法是“读音规则法”，这是一种常见的、比较有效的方法。但是，如果教师没有将读音规则教给学生，而是由学生独立摸索，可想而知，大部分学生是很难将读音规则摸索出来的。这样一来，学生背单词的难度就会越来越大。而如果教师能同时传授给学生多种背单词的策略，然后由学生根据自身的情况，选择适合自己的记单词策略，那么即使学生没有掌握“读音规则方法”，他们也能够在适合自己的学习策略的支撑下，有效地熟记单词，进而提高自己的学习效率。

第三，高校学生学习学习策略是为了提升自己的学习应变能力与调整能力。现代信息化技术的发展，为高校学生的学习提供了良好的环境和条件，如果他们不能尽快地提升自己的学习应变能力与调整能力，那么他们很可能跟不上知识经济更新换代的速度。而学习学习策略有助于提高高校学生的思辨力、理解力、创新力等，从而提高他们解决问题的能力，进而提升他们的应变能力与调整能力。

四、高校学生的英语学习策略

（一）高校学生英语学习策略存在的问题

高校学生英语学习策略中存在的问题主要表现在两个方面：一方面，学生对英语学习策略知之甚少；另一方面，不知如何有效运用所学到的英语学习策略。这给高校学生的英语学习带来了诸多不利的影响，导致高校学生英语学习兴趣不强、动力不足，自主学习能力低等。

（二）影响高校学生学习策略选择的因素

影响高校学生学习策略选择的因素主要包括三个方面的内容：学生认知风格因素、学生的情感因素、学习环境因素。

1.学生认知风格因素

所谓认知风格，主要是指人们接受、组织和检索信息时所采用的方式与风格，可分为场依赖型风格和场独立型风格。场依赖型风格和场独立型风格的特点如图 2-8 所示。

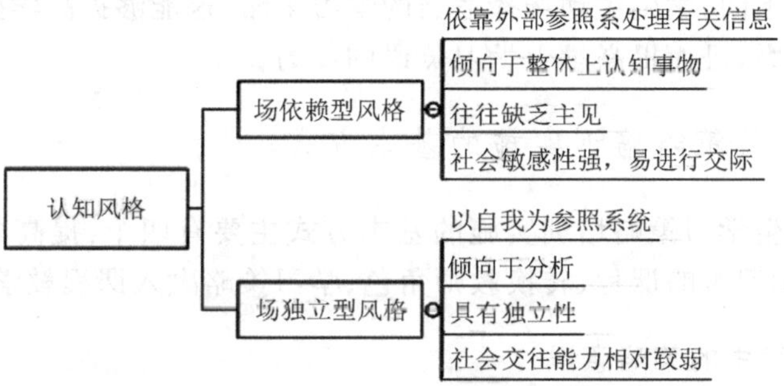

图 2-8　场依赖型风格和场独立型风格的特点

场依赖型风格的学生，在自然环境下学习英语，更善于运用各种学习策略，英语学习的效率也更高；而场独立型风格的学生，在课堂教学环境中学习英语，更善于运用各种学习策略，英语学习效率也更高。所以，高校英语教师在教学活动的过程中，要充分考虑学生的认知风格，采取有针对性的教学策略，从而提高学生的英语学习水平。

2.学生的情感因素

“影响英语学习的主要情感因素是动机、态度和个性特征。”①

学生学习动机的强弱，与其自身所采用的学习策略的数量有很大的关系，学习积极性高的学生在英语学习的过程中往往会运用多种学习策略，比如形式练习策略、输入诱导策略等，从而提高自己的英语学习水平，而英语学习能力的提高又使学生学习英语的动机更强。

学生的学习态度也是影响学生选择英语学习策略的重要情感因素。学生对英语感兴趣，渴望在英语的海洋里遨游，就会以积极的态度对待英语，进而会采用多种学习策略，这在很大程度上能够促进学生英语学习水平的提高。

学生的个性特征也影响其自身英语英语学习策略的选择，比如外向的学生在学习英语的过程中会采用情感化和视觉化的学习策略，而内向型的学生往往会采用逻辑化和听觉化的学习策略。

3.学习环境因素

学习环境也是影响学生选择学习策略的重要因素。这从学生在英语课堂内外所采用的不同策略中可以看出：在课堂上，学生通常会采用记笔记、替代等认知策略；而在课堂外，学生往往会广泛使用社交与情感策略。根据学习环境的不同，学生主动选择适当的学习策略，这能够提高学生学习英语的水平与能力，进而提高学生学习英语的动力。

（三）学习策略培训实施的基本方式

高校学生学习策略培训实施的基本方式主要有四个：提高学生的策略意识、开设学习策略课程、转换教师角色、学习策略融入课程教学。

1.提高学生的策略意识

我国高校的英语教学多年来一直强调以结果为中心，重视学生对英语知识的获得，而忽视对学生英语学习方法与学习技能的培养，这使得高校学生学习英语学习策略的能力不足、英语学习策略使用频率低。为了解决这一问题，高校英语教学从一开始就应提高学生对英语学习策略及学习策略在英语学习中重要作用的认识，为提高高校学生的英语学习能力奠定良好

① 束定芳，庄智象.现代外语教学——理论、实践与方法[M].上海：上海外语教育出版社，2004：46.

的基础。

2.开设学习策略课程

高校应开设学习策略课程，将英语学习策略的教学内容纳入英语教学活动中。具体来说，可以从三个方面着手：第一，由专门的教师向学生系统地讲授英语学习策略的理论知识，提高学生对英语学习策略重要性的认识；第二，利用国内外专家设计的策略诊断工具“诊断”学生在英语学习方面的问题，并根据诊断出来的问题为学生提供相应的英语学习策略；第三，在英语学习策略课程教学中，采用自评、互评和教师评价相结合的评价方式，对学生的英语学习策略的使用效果进行客观的评价，从而为提高学生的英语学习水平创建一个良好的平台。

3.转换教师角色

教师在学生英语学习策略培训中起着重要作用，甚至在一定程度上可以说，教师直接决定着学生英语学习策略培训的结果。因此，在高校英语教学活动中，教师要有意识地转换自己的角色身份，即从控制者转变为促进者和协调者。在日常的英语教学活动中，教师要将学习策略和技巧的传授融入语言教学中，当学生在英语学习策略过程中遇到困难时，教师要及时给予学生有益的指导，帮助学生找到适合自己的英语学习策略。

4.学习策略融入课程教学

学习策略融入课程教学即教师在进行英语教学时，要将英语学习策略的内容融入教学活动中。具体来说，学习策略融入课程教学主要包括四个方面的内容：第一，教师给学生布置一项语言任务，并要求学生选择适合自己的学习策略加以完成；第二，在上述过程中，教师应要求学生关注自己的策略使用情况；第三，教师应要求学生通过运用策略，解决在学习过程中遇到的问题；第四，当学生完成任务后，教师应让学生对自己使用学习策略所取得的效果进行评价。

第三章　文学视阈下的英语基础知识教学

英语基础知识是英语教学中的重点，掌握了英语基础知识，学生的英语学习才能更加扎实。本章在文学视阈下对英语基础知识的教学进行讨论，分别探讨英语词汇教学、英语阅读教学、英语写作教学与英语口语教学。

第一节　文学视阈下的英语词汇教学

当前的英语词汇教学中，许多教师使用的仍是传统的词汇教学法，习惯先讲解词汇，之后再学习文本，这种教学方法虽然使师生在词汇教学中花费了大量的时间、精力，但是效果却不尽如人意。而在文学阅读中进行英语词汇教学更符合学生的认知规律，能够激发学生的学习兴趣，为学生提供丰富的语言环境，使学生从被动学习转为主动学习，从而取得较好的学习效果。

一、文学视阈下英语词汇教学的重要性与作用

（一）文学视阈下英语词汇教学的重要性

英语词汇教学的重要性主要体现在以下几点。

第一，英语词汇教学是英语教学中最基础的内容，英语教学是为了提升学生的英语综合应用能力，词汇能力是英语综合能力的重要部分，《大学英语课程教学要求》也提出学生应具有充足的词汇积累的要求，没有词汇，学生也就无法表达，掌握了丰富的词汇，学生才能够更好地使用英语进行表达，才能够不断提升自己的英语水平。由此可见，词汇教学对于英语学习而言是至关重要的。

第二，在布鲁纳看来，学习任何一门语言都需要经历获得、转化、评价的过程，所以，在语言学习的过程中，教师的讲解、学生的学习等都是重要的，而词汇正是语言学习的基础，由此，词汇学习的重要性可见一斑。

(二)文学视阈下英语词汇教学的作用

英语文学是英语国家文化的载体,也是英语国家文化的精髓,借助英语文学进行英语词汇教学,能够提升学生的英语文学素养、语言运用能力以及人文素养。

1.提升学生的英语文学素养

具备较好的英语文学素养能够使学生的英语成绩有显著的提升,能够使学生在今后的学习中更加得心应手,通过直接阅读文学作品能够使学生在不知不觉中提升自己的文化素养。一般的英语课本选取的课文多是情景对话或者贴近生活的语言材料,虽然可以使学生的学习更加便利,但是可能相对枯燥,不利于激发学生的学习兴趣,而学生通过阅读英语文学作品,能够感受到英语国家的民俗风情,体会到英语文学的魅力,同样也能够从英语文学作品中获得启迪,升华自我。

2.提升学生的语言运用能力

借助英语文学进行英语词汇教学,能够帮助学生提升语言运用能力。具体来说,英语词汇教学可以巩固学生的基础知识、提升学生的阅读能力、提高学生的写作能力、帮助学生根据语境理解并记忆词汇。

(1)巩固学生的基础知识

在进行英语阅读时,会遇到许多生词、不熟悉的句型等,这些虽然会给学生带来一定的阅读障碍,但却能够使学生在不知不觉中熟悉、掌握这些生词、句式等,从而提升学生的英语基础水平。

(2)提升学生的阅读能力

阅读能力是学生必须具备的一种重要能力,以往学生在做阅读理解题型时,常是逐字逐句理解的,认为只有将所有的单词和句子都弄明白了才能够做题。而通过阅读英语文学作品,学生的语感会得到提升,遇到陌生的单词,可以凭借前后的意思来推测词义,这就能够提升学生的阅读能力。

(3)提高学生的写作能力

在阅读英语文学作品的同时,学生可以学习到地道的表达方法与技巧。英语文学中常会有精巧的比喻、拟人、夸张等修辞手法,也会有谚语、俗语等,这些都可以被学生用到写作中去,由此学生的英语写作能力也会得到提升。

(4)帮助学生根据语境理解并记忆词汇

英语文学作品有具体的语境，学生在阅读时借助具体的语境，能够更为深入地理解英语文学作品，学生对作品内容理解的越深刻，也就越容易记住相关的词汇。同时，有的词汇在不同的语境中有不同的意思，让学生单纯地识记这些词汇衍生不同意思可能比较困难，但在具体的语境中，学生记忆起来就相对容易了。

3.提升学生的人文素养

阅读英语文学著作，对学生观念的塑造的影响是巨大的，这主要体现在两点：第一，学生时期是人的世界观、人生观、价值观形成的重要阶段，这一时期学生阅读的作品会影响其观念的成型；第二，文学作品本身具有的精神内涵能够影响学生的内心世界，使学生受到人文精神的感染。因此，通过英语文学的阅读来进行词汇教学，不仅能够增加学生的词汇量，还能够使学生的精神世界受到熏陶，进而改造学生的世界观，提升学生文化素养。

二、以英语文学阅读为基础进行词汇教学的优势

以英语文学阅读为基础进行词汇教学，学生对词汇的理解会更加深入、更加透彻，教学的效果也更加突出。具体来说，以英语文学阅读为基础进行词汇教学的优势主要包括以下几点。

（一）提升学生语言的生动性

英语文学作品中有许多精品，文中也常会有反问、对比、夸张、拟人的语言，这都体现了语言的生动性，学生在阅读时能够认识到这些丰富的手法，感受的英语语言的魅力，并提升英语学习的兴趣。如海明威的作品用词就十分精巧，其作品《永别了，武器》的英文题目为 *A farewell to Arms*，按字面意思来看，可以翻译成“向 arms 说再见”，“arms”可以翻译成“武器”或“手臂”，“永别了，武器”就是指的战争结束了，用武器指代了战争，这是借代的手法；另外，这个题目还使用了双关的手法，“arms”也有手臂的意思，这本书讲述的是战争年代的爱情故事，“手臂”是爱人的手臂，也就是爱情的港湾，指代了爱情，书名也就寓意着爱情最终成空。这类作品在英语文学中数不胜数，学生阅读这类作品，在提升自身词汇量的同时，也能够加深对修辞技巧的理解，且能在学以致用的过程中，使自身的语言更加生动、形象。

（二）丰富学生的语言风格

英语文学作品中会涉及许多不同的人物，每个人物都会有自己独特的

个性特征，因此其语言风格的差异也较大。此外，不同的人在不同的时间、不同的情况下，语言风格也不尽相同，而语言词汇能够将这些不同的语言风格展现出来。学生在阅读时通过对不同人物的语言进行分析、个性进行揣摩，能够有效提升自身的语言理解能力，也能够细致了解相近词汇的差异、同义词内涵的区别，由此丰富自己的语言风格。

以玛格丽特的《飘》为例，这本小说出场人物较多，并且每个人物都有自己的特色，每个人物的语言风格也展示着各自的特点。如小说中的斯嘉丽·奥哈拉是一个漂亮、自信、具有较强自主能力的人，她说话时总是有一些表示肯定的词语，如“I will”；阿希礼·威尔克斯是一个比较懦弱的人，他说话时总是唯唯诺诺，常用附和他人或征求意见的词，如“well”；斯嘉丽·奥哈拉的仆人是黑奴，他的语言中常有黑人英语。

（三）帮助学生深入理解词汇

通过英语文学阅读来进行词汇教学，使学生了解相应的文化知识，体会词汇中的深意，从而帮助学生更为深刻地理解词汇。如《圣经》是英语文学中至关重要的作品，英语中的很多习语等都是以《圣经》为背景的，《圣经》对英语文化的影响是深远且深刻的，也成为后来英语文学创作的重要的素材。没有读过《圣经》的人，也就读不懂萨克雷的《名利场》、乔伊斯的《尤利西斯》等；在读过《圣经》之后，学生就能够了解到为什么猩红色（Scarlet）代表猥琐，泥土（Clay）和人的气息是有密切的联系的；《圣经》中还有一些常见的谚语、习语等，如 Forbidden fruit sweetest，翻译为“禁果最甜”，指的是破坏了规矩做了不应该做的事情之后的满足感；Adam’s apple，直译是“亚当的苹果”，实际的含义是“喉结”。学生通过阅读，能够更仔细地了解英语词汇的具体内涵与渊源，这样就能够更深入地理解词汇，使自身的词汇学习达到更高的境界。

三、当前英语词汇学习方法与存在的问题

（一）当前英语词汇学习方法

当前学生在英语词汇学习中常用的方法有偶然学习法与有意学习法、直接学习法与间接学习法。

1.偶然学习法与有意学习法

偶然学习法认为词汇的学习能够在语言活动的过程中获得，儿童正是

在阅读与对话中学会母语的，因此偶然学习理论认为学生可以通过阅读来学习词汇。

有意学习法指的是教师或者学生有计划、有目的地进行学习，有意学习法重视词汇的学习，具有一定的学习策略和记忆策略。

相比有意学习法，偶然学习法具有较为突出的优势，具体表现在两个方面：一方面，偶然学习法能够创造良好的词汇学习语境，能够使学生更好地了解单词的用法、意义等；另一方面，偶然学习法能够实现阅读、学习词汇两者的同步进行。

2.直接学习法与间接学习法

直接学习法就是专门投入时间进行词汇学习，并进行专门的练习强化词汇学习的方法，而间接学习法则是不进行专门的词汇学习，而是通过语言交际活动等在具体情境中学习词汇的方法。直接学习法与有意学习法相似，间接学习法与偶然学习法相似。

（二）当前英语词汇学习存在的问题

1.教师的问题

在当前的英语词汇教学中，教师存在的问题主要有以下几点。

（1）教学方法模式化

在当前的英语教学中，部分教师教学时间长、教学经验充足，因此形成了一套固定的教学方法。而随着时代的发展与进步，这些固定的教学方法越来越无法适应时代与学生学习的要求，但是这些教师依然固守着传统的教学方法，因此也就导致学生的英语词汇学习出现了问题。

（2）没有积极使用新的教学方法

近些年，新的教学方法不断出现，但是这些教学方法不一定能用于英语教学中，即使在英语教学中使用了新的教学方法，也不一定会长久坚持，因为教师在使用新的教学方法时，往往会遇到各种问题，这就会使教师对新方法产生不信任感，因此，也就不会积极并坚持使用新的教学方法，由此也就导致了英语词汇教学中问题的出现。

2.学生的问题

学生的问题主要是学生对英语词汇学习的积极性不高、学生学习时间紧张、学生对英语词汇学习不够重视等。

(1)学生对英语词汇学习的积极性不高

当前学生学习英语缺少一定的兴趣,因此积极性不高,这就导致大学生在英语词汇的学习方面十分不积极,由此也就导致了学生英语词汇量少,掌握不深刻、不牢固等问题。

(2)学生学习时间紧张

在大学阶段,学生要学习的科目比较多,且需要花费一定的时间进行各种实践活动,英语学习的时间也就会大大减少,再加上英语文学阅读的难度较大,而通过阅读英语文学作品来学习词汇又会花费大量的时间,因此大多学生会因为时间问题而不愿意通过阅读文学作品来学习词汇。

(3)学生对英语词汇学习不够重视

许多学生认为,英语学习中最重要的是听和说,词汇的掌握并不是很重要,因此他们也不愿花费更多时间去学习词汇,这就导致学生词汇基础相对较差、对词汇理解不深入等问题。须知词汇是听和说的基础,学生必须重视对英语词汇的学习。

四、文学视阈下英语词汇教学模式

英语文学名著作品中具有英语的语法、词汇意义、语言习惯等信息,相比单纯地、枯燥地背诵单词,通过阅读英语文学名作来学习英语词汇是一种更有效的词汇学习方式。这种词汇学习方式能够激发学生学习的积极性,帮助学生对英语词汇有直观的、深刻的认识。因此,可以将词汇教学与英语文学名作阅读结合起来,从而实现英语词汇教学模式的改革。下面以《简·爱》为例,对文学视阈下英语词汇教学模式进行介绍。

(一)教学目标

1.帮助学生创造学习语境

在《简·爱》的阅读中,学生能够沉浸在具体的语境中,这样就在潜移默化中感受词汇的意义、用法等,从而不知不觉学了词汇。

2.提升学生的学习兴趣

《简·爱》情节动人,语言精练,描写形象、生动,人物的内心刻画也非常细致,能够激发学生的阅读兴趣,进而能够提升学生对英语学习的兴趣,学生也就更乐意学习英语词汇了。

3.丰富学生的词汇储备

《简·爱》的第一部分部分共有4000多个英语单词,虽然有一定的生词量,但是总体来说生词所占的比例相对较小,并且生词在文本中的复现率比较高。通过阅读,学生能够有效掌握这些生词,从而丰富自身的词汇储备。

4.提升学生的词汇运用能力

《简·爱》中具有丰富的句型,学生在阅读时能够感受到不同的词汇与句型的不同用法,由此也就能够在不知不觉中提升自己的词汇运用能力。

(二)教学内容

本次阅读材料是《简·爱》的第一部分“PART ONE Child at Gateshead”。《简·爱》是英国作家夏洛蒂·勃朗特的作品,她擅长用抒情的手法来描写自然景物,作品中富有激情和想象。本次所选择的材料生词量不大,重复率高,文中有许多词汇用法和语法功能,十分适合学生阅读。另外,这部分材料的情节是简·爱在舅妈家受虐待的遭遇,能够引发学生的同情,有助于学生阅读。

(三)教学过程

第一步,教师提前准备词汇测试卷,测试卷中既要有学生学过的单词,也要有学生没有学过的单词。在上课前教师将词汇测试卷发给学生,要求学生不能查阅任何工具,自主完成试卷。

第二步,教师要求学生使用默读的方式阅读材料,让学生在阅读过程中对感兴趣的、不熟悉的、有疑问的内容做标记,以便随后讨论和交流。

第三步,在学生完成阅读后,教师再次分发同样的词汇测试卷,要求学生再次自主完成试卷,根据学生的实际情况,也可以允许学生翻阅阅读资料来认识、体会生词的意思。这样,在完成试卷的过程中,学生会凭借阅读印象回顾词汇。

第四步,让学生找出阅读材料中的重点词汇、句子,或者自己感兴趣的内容、不理解的部分等进行交流与分享,从而使学生在交流与分享中实现自我的词汇与英语水平的提升。

第五步,播放材料配套的朗读录音,以此使学生感受地道的英语,同时使学生巩固之前在阅读中学到的词汇,帮助学生在头脑中形成相关词汇的声音认知,从而使学生对词汇记忆更加深刻。

（四）教学反思和启示

1.教学反思

①借助英语文学阅读来学习英语词汇，可以使学生保持轻松的心态，且能够使学生在愉悦的氛围中学习词汇，从而提升学习效率。

②学生在阅读《简·爱》时，很容易就会完全沉浸到情节中，甚至在下课之后，有的学生还在继续阅读后面的内容。

③在本次教学中，学生的积极性非常高，课堂讨论也异常激烈，学生都乐意向同伴分享自己的看法与意见。

2.教学启示

①可以适当增加英语名著阅读的时间，也可以适当加大阅读量。

②在课程中，要将学生放在主体地位，同时坚持由教师主导。

③不能以课堂讲解为主，要以学生阅读为主，让学生有更多的时间进行阅读，教师可以依据个别学生的需求在阅读结束后进行语法、词汇等的讲解。

④教师选择的阅读材料要合适，生词既不能过多，也不能过少，生词过多学生会失去阅读兴趣，生词过少则起达到学习词汇的效果。

第二节　文学视阈下的英语阅读教学

阅读能力同样是英语教学中需要重点培养的能力，阅读英语文学作品，能够有效提升学生的阅读能力，提高阅读教学的效果，也就是说，在文学视阈下进行英语阅读教学对英语教学具有积极的影响。

一、文学作品阅读与阅读理解能力

阅读是学习英语的一个重要的方式，但是只有有效的阅读才能够提升阅读者的英语水平。学生在进行有效的阅读之后，会结合自己已经具备的知识、经验等，在头脑中形成所阅读材料情境的想象，并且能够借助判断、推理等获得有价值的信息，理解作者所表达的情感，进而能够理解文章的主旨、细节，明确作者的观点、态度等。

(一)阅读理解需要的能力

要读懂一篇文章,学生必须具备细节理解能力和判断推理能力,具有了这两方面的能力,学生也就具备了较好的阅读能力。

1.细节理解能力

学生能够解读出所阅读材料中的细节与信息,这就是阅读理解能力。要掌握主旨和中心,就必须要具备一定的细节理解能力,这是因为一篇文章的主旨、中心等通常需要大量的细节和信息支撑,作品的中心思想、主人公的形象塑造、作者观点的表达等都需要通过细节来表现,如人物的动作、神态、语言等细节。如果学生能够体会到这些细节,就能够正确理解文章的主旨与含义,更为深入地理解文章的内涵。

2.判断推理能力

判断推理能力包括判断能力和推理能力,判断就是对事物或现象的肯定的或否定的思维过程;推理指的是从现有的、已知的条件推导出结论的过程。在实际阅读中,有的内容并不会直接向读者呈现,需要读者根据文章中的其他条件推导结论。实际上,推理就是补充文学作品中不连贯的部分,让学生通过推理与作者、作品等进行对话,从而更好地、更深刻地理解与体会文学作品。

判断推理能力是一项重要的能力,具有了出色的判断推理能力,学生在阅读时就能够在杂乱、无序的信息中挑选出最有用的信息,就能够迅速理解文章的主旨。因此,判断推理能力是阅读理解所需的重要能力。

(二)文学作品的特点

文学作品的特点主要有三个:一是具有逻辑性;二是重视细节的刻画;三是意义表达相对含蓄。

1.具有逻辑性

作者把自己生活中的材料作为基础,借助想象等手段写出了具有文学化、艺术化特征的文学作品,这些文学作品中的想象并不是漫无目的、毫无根据的,而是现实世界的反映,文学作品是在中心思想指导下进行的严密的、有条理的文学创作,具有逻辑性特点,其逻辑性特点具体表现在两个方面:一方面是语言的逻辑性;另一方面是篇章结构的逻辑性。正是因为文学作品具有逻辑性的特点，利用文学作品来进行阅读教学能够在一定程度上培养学生的逻辑推理能力。

2.重视细节的刻画

文学作品十分重视对细节的刻画，作者为了达到表达自己的思想、反应社会现实、塑造人物形象的目标，会进行大量的细节描写。因此，学生在阅读英语文学作品时，要想深刻地了解作者的意图与思想，就必须把握相关的细节描写，长此以往，学生的细节理解能力也会得到显著的提升。

3.意义表达相对含蓄

文学作品的表情达意通常不会直白地用文字表现，而是通过暗示、象征等方式表达，读者需要借助文字表面的意思来深入体会作者所要表达的思想与情感。海明威曾用漂浮在大海上的冰山来比喻文学创作：在海平面上的、可以被人看见的冰山只占整个冰山的八分之一，这代表着文学作品中表面的意义；藏在海水之下的、人们看不到的冰山占整个冰山的八分之七，代表着文学作品中隐藏的意义。因此，读者要想深入了解作者要表达的信息，必须对文学作品中提供的细节信息进行准确的理解，并要依据这些表面信息来推测作品中隐藏的含义，这样才能够全面理解文学作品。

正是因为文学作品具有以上几种特点，学生在阅读文学作品时，为了更好地理解作品的内涵，就需要不断进行推理，这就能够在无形中提升学生的判断推理能力和细节理解能力。因此，文学作品是培养学生阅读能力的物质基础与实践保障，在文学视阈下进行英语阅读教学对提升学生的阅读理解能力与水平等具有重要的促进作用。

二、英语文学作品应用在英语阅读教学中的现状

随着英语课程教学改革的不断推进，英语文学阅读也逐渐走进了大学英语教学中，但是因为受传统教学模式的影响，当前英语文学作品应用在英语阅读教学中的现状不容乐观，其存在的主要问题有以下几点。

（一）重视教师而忽视学生

传统的英语阅读教学过分重视教师的主导作用，反而忽视了学生的地位，不利于学生充分发挥主观能动性，在进行英语文学作品的阅读教学时，仍存在这样的问题。

在具体的阅读教学实践中，教师通常会采用“填鸭式”或“满堂灌”的教

学方式，一节课都是教师在讲、学生在记笔记，师生之间缺少必要的互动。在这样的教学模式下，学生在课堂中会感到倦怠，进而会逐渐失去英语学习的兴趣，由此阅读教学的效果也会大打折扣。当前许多学校虽然将英语文学作品阅读应用到了英语阅读教学中，但是却仍在使用传统的教学模式。在这样的教学模式下，学生也就难以感受到文学作品的魅力，难以发挥出主动性，因此英语阅读教学也就达到起到应有的教学效果。

（二）重视知识而轻视能力

传统的英语阅读教学更重视知识的教授，比较轻视对学生能力的培养，将英语文学作品应用于阅读教学的方式也具有这样的问题。

在进行英语阅读教学时，教师十分重视对词汇、语法等的讲解，并不重视培养学生的阅读能力，这就导致阅读教学最终变为了词汇与语法的教学，使学生原本应该很享受的阅读体验变成了单调的单词拼写、句子分析等，这样不仅使阅读教学变得枯燥、无味，而且使学生对阅读产生了消极甚至抵抗的情绪，严重打击了学生阅读的积极性。在这种情况下，即使是新奇的、有趣的文章也很难激发学生的阅读兴趣，这对提升学生的阅读水平与能力是十分不利的。阅读水平的不佳也导致学生虽然具有丰富的词汇量、牢固的语法知识，但是却不懂得如何对文章信息进行分析、整理，不能正确判断段与段、句与句之间的逻辑关系。因为要提升阅读能力并不是单纯地掌握语法与词汇就可以的，还要具备多种阅读技巧，要知道如何分析文章，明确文章的基本内容与中心思想，深刻了解文章的写作风格、任务特色、语言风格等。

（三）重视课内学习而忽视课外学习

在传统的英语阅读教学中，教师通常只重视课内学习，而忽视了课外学习，将英语文学作品应用于阅读教学的方式也具有这样的问题。

在英语阅读教学中，教师十分重视课堂教学，在课堂上对阅读材料进行细致的讲解，但是并不重视培养学生课下的阅读习惯。即使有的教师比较重视课外的阅读学习，但是因为学生对阅读材料兴致缺缺，导致课外阅读教学收效甚微。

以上海交通大学出版社的《应用型大学英语综合教程》为例，这一系列教材每一册有 16 篇阅读材料，每个学期有 8 周的阅读课，学生每周的阅读量只有 2 篇左右，单靠每周 2 篇的阅读量是难以提升学生的阅读能力的，由此来看，学生的课内阅读量是不足的，这就需要通过课外阅读来弥补课内阅读的不足。因此，教师和学生都要重视课外的学习，不能把阅读局限在课堂上，可以通过举办英语阅读交流活动、英语读书角等方式来培养学生的阅读习惯，从而不断提升学生的阅读能力与水平。

三、英语文学作品应用在英语阅读中的教学方法探析

将英语文学作品应用在英语教学中，能够激发学生的阅读兴趣、有效提升学生的阅读水平、提高阅读教学的效率，但是如果教学的方法不正确，可能会导致事倍功半。为了提升英语教学的效果，相关教师必须要使用恰当的教学方法，具体来说可以使用以下教学方法。

（一）结合文化背景进行教学设计

教师在进行阅读教学之前，要结合文化背景进行教学设计，做好教学设计工作。为了使阅读教学的内容更加深入、广泛，使学生对教学内容的理解更加深刻，教师要多收集能够加深学生理解、运用，且能够激发学生求知欲的与教材相关的文化背景内容，并依据这些内容作出科学、合理的教学设计，从而提高教学的质量，提升学生的学习效率。

具体来说，在进行阅读教学之前，教师要对阅读材料的作者、出处、写作背景等进行详细介绍，让学生在对作品有了初步的了解之后，再进行阅读，这样不仅能够提升学生的学习积极性，还能够让学生迅速融入阅读情境中，从而有效提升阅读的效果与质量。

（二）在教学中引入英美文学知识

在进行英语阅读教学之前，教师可以巧妙地使用与阅读材料相关的英美文学知识来导入，以此来激发学生的阅读兴趣，如可以使用与文章有关联的文学作品、影视作品、音乐、故事等进行导入。如《应用型大学英语综合教程》中有一篇课文是《心怀怨恨》(*Harboring Feelings*)，这篇课文讲的是一个小男孩拥有航行全球的梦想，但是他周围的朋友、老师、父母等都不支持他，尽管如此，他还是坚持梦想，不轻言放弃。在讲这篇文章时，可以先播放2012 年上映的电影《少年派的奇幻漂流》(*Life of Pi*)的片段，让读者初步了解航海这一话题，这样就能够引发学生的兴趣。

借助学习导入来激发学生的阅读兴趣，调动学生的积极性，使学生能够真正投入阅读、享受阅读、爱上阅读，长此以往，学生的课外知识会不断丰富，阅读视野等会得到拓展。由此可见，在教学中导入英美文学知识对阅读

教学具有积极的作用，能大大提升教学的效果。

（三）使用文学欣赏方式讲解文章

在传统的英语阅读教学中，教师常使用结构主义教学方法来讲解课文，这就将阅读课变成了单词拼写、词组扩充、句子结构分析课等，学生也就只能学习到基本的语言知识，无法获得更高层次的审美体验。为了避免这些问题，教师可使用文学欣赏的方式来讲解文章，不一味地将重点放在语言形式的分析上，而是在关注语言的同时，关注语言所表达的情感。具体来说，教师在进行阅读教学时，要把阅读材料看成一个整体，要重点分析文章的结构、主题、思想内涵、任务特色、写作风格等，要对重点的句子、段落等进行分析，深究文字背后的含义，以此来调动学生阅读的热情与求知的欲望，进而不断提升学生的阅读能力、审美能力，使学生的心灵受到启迪、思想得到熏陶。

（四）从多角度进行文学赏析

为了使自己的作品更加生动、形象，作家在进行文学作品创作时，常会用比喻、想象、夸张、借代等修辞手法。另外，文学作品的题材也是多种多样的，有小说、戏剧、散文等，不同的题材会有不同的特色。教师在进行英语阅读教学时，要根据文学作品的题材、使用的修辞手法特色等来对作品进行赏析。

就诗歌而言，教师在教学时不能只是单纯地讲解句子结构、成分等内容，而要重视赏析诗歌意象的朦胧美，帮助学生品味诗歌的含义与写作技巧，领会诗歌所要表达的意境。

（五）让学生分享阅读体会

英语阅读中的文学片段多是经典文学作品中的精华部分，学生在阅读这部分内容之后，难免会有自己的感受、体会，也会有疑惑的地方，如果学生能及时将这些体会、感受和疑惑用语言表达出来，相关的记忆就会更加深刻。因此，在学生完成阅读后，教师可以让学生相互交流，彼此分享自己的看法与体会，并指出自己疑惑的部分，和其他人相互讨论，这样学生对材料的理解就会更加深刻。此外，教师也可以让学生将感受、体会等写下来，作为阅读笔记，这样不仅能够加深学生对阅读材料的理解，而且能够使学生的思维能力、写作能力等得到有效提升。

（六）要求学生进行课外阅读

轻视课外阅读是当前英语阅读教学中存在的一个重要的问题。针对这一问题，教师要围绕课堂上讲解的文学作品的类型、主题等，给学生布置课外阅读作业，通过课外阅读来补充阅读量，培养学生的阅读能力与自主学习能力。

如《应用型大学英语综合教程》中有一篇课文的题目是《谢谢您带给我们多年来最畅快的欢笑》（*Thanks the Best Laugh We've Had in Years*），这篇文章讲述的是美国篮球运动员迈克尔·乔丹遭受白人歧视的经历。在学完这篇文章之后，为了让学生对种族歧视这个问题有更深入的了解，教师可以推荐学生在课下阅读马丁·路德金的著名的演讲《我有一个梦想》（*I Have a Dream*）的演讲稿；也可以推荐学生阅读名著《汤姆叔叔的小屋》（*Uncle Tom's Cabin*），《汤姆叔叔的小屋》这本书对美国的奴隶制度产生过深远的影响。学生在阅读这些作品之后，会对种族歧视有更深入的理解，同时通过阅读，学生的自主阅读能力、写作能力等也会得到提升。

第三节 文学视阈下的英语写作教学

一、英语文学作品在高校英语写作中的重要作用

（一）有助于句子的把控和词汇的运用

高校英语文学教材及辅助教材中所选用的文学作品大都是出自英美文学大师之手的经典作品，这些作品在选题立意、用词造句等方面皆是经过深思熟虑的。学生通过阅读这些经典作品，能够在理解的基础上，吸收及借鉴这些作品在词汇、语言等方面的“养分”，从而加深自己在英语写作过程中对句子的把控，以及对词汇的有效运用。

（二）有助于增强学生的英语写作兴趣

英语文学作品有助于增强学生的英语写作兴趣可以从两个方面来理解。

第一，通过不断阅读优秀的文学作品，学生能够开阔自己的视野、丰富自己的知识、提高自身的语言运用能力；同时，优秀的文学作品也会触动学生的心灵，促使学生自发地写作，并使学生在学习写作的过程中体验到快乐，进而增强学生的英语写作兴趣。

第二，优秀的文学作品能够丰富教师的教学内容与组织形式。教师通过组织各种与文学作品相关的活动，比如分角色表演、作品朗诵等，调动学生参与到课堂教学活动中，使枯燥的写作课堂变得活跃起来，并使学生感受到英语写作的乐趣，从而增强他们的写作兴趣。

（三）有助于提高学生的篇章构筑能力

文学作品都有完整的结构模式，而且不同的文学作品有不同的篇章结构，学生通过阅读、分析、讨论，再加上教师的有益指导，能够加深自己对英语思维模式的理解、提高自己的篇章构筑能力，并使这些因素在消化、吸收的过程中为己所用，从而提高自身的英语写作水平。

二、英语文学阅读与英语写作的关系

英语文学作品在英语写作中具有重要的作用，通过阅读优秀的英语文学作品，能够提升学生多方面的能力。而这些因素之所以能够连接起来发挥作用，主要是因为英语文学阅读与英语写作之间有着密切的关系，这里主要从词汇、句式及语篇衔接三个方面分析两者之间的关系。

（一）词汇

文学作品是作者思想传达的重要载体，词汇则是这一载体的重要组成元素，如果缺乏必要的词汇积累，作者就无法有效地将自己的思想传达给读者，所以说写作的基础是掌握足够的词汇。同时还要注意的是，如果只是单纯地学习词汇，那么掌握的也只是词汇浅层次的内涵，而不能真正地理解其所代表的深意，这对写作能力提高的助益是非常有限的。

优秀英语文学作品中的词汇是非常丰富的，是经过作家反复斟酌、深思熟虑的，而且词汇的出现都有一定的语境，这不仅有助于学生理解词汇的丰富内涵，而且能够使学生掌握词汇的具体用法，这对学生英语写作能力的提高是有巨大帮助的。

（二）句式

句式在英语写作中也扮演着重要角色。不同的句式表达的思维与情感是不同的，学生只有接触大量的句式，才能在英语写作中将自己的情感、态度等有效地呈现出来。

英语文学是一门语言艺术，其中所含有的句式是相当丰富的，学生通过阅读优秀的文学作品，不仅能够掌握大量的英语句式，而且能够加深对英语思维模式的理解，从而提高自己的英语写作能力。以托马斯·哈代的《德伯家的苔丝》为例：

She was embarrassed to discover that excitement at the proximity of Mr. Clares breath and eyes, which she had contemned in her companions, was intensified in herself.

译文：

苔丝心里感到局促不安，因为她发现她的伙伴们接近克莱尔时的呼吸和眼睛是那样激动，而这些都是苔丝以前所不齿的，现在却轮到她自己紧张了。

这是英语文学作品中典型的长句式，长句式的优势在于能够将复杂的思维过程、心理活动等清晰地展现出来。长句式的特点是开门见山，以谓语为核心，借助连词、to do 不定式等进行空间架构，将各个分句结合起来，从而有效地传达作者的用意。例文中，作者开篇用“embarrassed”将苔丝的心理状态展现出来，属于开门见山，接着用 to do 不定式以及由 that、what 引导的从句将苔丝的复杂的心理活动描绘了出来。

（三）语篇衔接

语篇衔接在英语写作中也有重要的作用，它不仅能够使上下文在逻辑关系上更为清晰，而且能够促成整个语篇语境的形成，从而凸显文章的主旨。语篇衔接手段主要有两种，具体内容如图 3-1 所示。

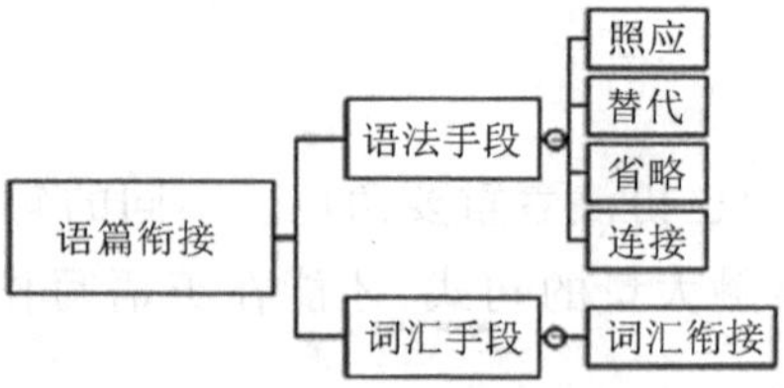

图 3-1 语篇衔接手段

从高校学生的英语写作实践中我们能够发现，在语篇衔接方面学生能够较好地使用语法手段，但在词汇衔接方面还比较薄弱，很多时候常因为词汇衔接有误给阅读者造成一定的麻烦。词汇衔接是指通过使用重复、同义词与反义词、语篇结构词等，来连贯语篇的手段。这里我们主要以艾米丽《呼啸山庄》中的句子为例，来分析英语写作中的词汇衔接。

It would degrade me to marry Heathcliff now；so he shall never know how I love him：and that，not because hes handsome，Nelly，but because hes more myself than I am.Whatever our souls are made of，his and mine are the same；and Lintons is as different as a moonbeam from lightning，or frost from fire.

译文：

如果此刻我对希思克利夫投怀送抱，他将永远不会知晓我对他的爱是怎样的深沉；我爱的并非他俊朗的容颜，绝不是，我爱的更胜于爱我自己的是他那自由的灵魂。无论我们的灵魂是由什么构成的，他的和我的是一样的；而林顿的灵魂就像月光和闪电，或是霜和火，完全不同。

例文中，作者用“more myself”和“the same”说明了凯瑟琳和希斯克利夫有许多共同点。而 moonbeam/lightning 相近词、frost/fire 反义词的使用则说明了凯瑟琳和林顿在诸多方面都是不相容的。在整段话中，作者通过在词汇衔接方面巧用手段，清晰地向我们传达了凯瑟琳最爱的人是希思克利夫。

三、文学视阈下高校英语的写作要点与方法

（一）英语写作教学中存在的问题

当下，在我国高校英语写作教学中存在的问题主要表现在教学方法存在问题及教学内容存在的问题两个方面。

1.教学方法存在问题

目前，我国高校英语写作教学中采用的教学方法依然是结果教学法，这种教学方法的理论基础是行为主义理论，认为学生的学习是“刺激—反应”的结果。在这种教学方法的支配下，教师往往是教学的主导者和主体，而学生则是被动的接受者。具体到写作过程中则主要表现为三个步骤：第一步，教师提供范文，并进行分析和讲解；第二步，学生按照范文模板进行模仿写作；第三步，教师对学生的作品进行批改、打分。在这种教学模式下，学生的英语写作过程成了机械的输入与输出过程，在这一过程中学生是完全没有主体性和主动性的，那么长此以往学生的写作兴趣就会逐渐下降。

2.教学内容存在问题

这里讲的教学内容主要包括三个方面的内容：教材编排、课时安排、写作训练。就教材编排而言，当下我国的高校英语写作教学活动并没有专门的教材，教师授课所依凭的内容一方面来自散落于精读教材的各课练习中，另一方面源自自己的教学经验；就课时安排而言，受多种因素的影响，英语写作在高校英语教学中所占的份额是比较低的，因此，英语课时的安排也是极为有限的；就写作训练而言，由于英语写作不受重视，所以教师给予学生英语写作训练的时间很少，练习量也不够。

（二）文学视阈下高校英语写作的要点

1.重视文学教学选择

阅读优秀的英语文学作品对学生词汇量的丰富、句式的运用、篇章结构的构筑等都具有重要作用。因此，在教学实践活动中，教师要重视文学教学的选择，选择适合学生的英语文学作品，以为学生写作能力的提高提供有益的帮助。通常来说，教师在教学活动中所选择的英语文学作品主要有四种，即富含哲理的文学作品、对生活有独到见解的文学作品、有真情实感的文学作品以及构思精巧富含才气的文学作品。

2.重视文学教学积累

文学积累在学生的英语写作中也扮演着重要的角色，它能够为学生提供丰富的词汇材料、语句材料等，因此，教师在教学活动中要重视文学教学积累，即重视对学生积累文学素材习惯的培养。具体来说，教师要引导学生在阅读英语文学作品的过程中，积累语言材料（优美词语、精彩句段等），领悟作者谋篇布局的艺术，并将其应用到具体的写作实践当中。

（三）文学视阈下高校英语写作的方法

1.组织文学阅读活动

组织文学阅读活动主要包括五个部分的内容。

第一，制订计划。教师在每学期开始前都要制订详细的计划，包括每周的阅读任务设定、阶段考核目标计划等，从而使学生能够有序地从文学作品中汲取营养。

第二，选定书目。教师可根据学生的实际情况以及阶段教学任务等，与学生一起选定所要阅读的文学作品书目。

第三，激发兴趣。教师要通过各种手段来激发学生的阅读兴趣，比如朗诵比赛、课本剧表演等，使学生发现英语文学作品的价值与魅力，愿意花时间去接受英语文学作品的熏陶。

第四，讨论活动。教师要定期组织读书讨论会，并在讨论会上组织学生分享自己的阶段收获或阅读经验，反馈自己在阅读过程中遇到的问题等，通过讨论使学生的问题得以解决，并能吸收他人在阅读过程中的经验。

第五，撰写读书报告。撰写读书报告即要求学生定期将阅读的收获以文字作业的形式上交，内容方面可以是自己对作品的整体感悟，也可以是对人物形象的分析，还可以是对作者谋篇布局、遣词造句等的阐释；形式方面可以是文学鉴赏，也可以是文学评论，还可以是阅读报告等。

2.抓住写作要点

提高学生的英语写作能力，一方面要引导学生多读、多写、多练；另一方面还要加强对学生写作基本能力的指导与培养。具体来说包括以下内容：第一，写人、记事要注意结构的完整性；第二，行文中注意逻辑鲜明；第三，内容无论是简单还是复杂，都要符合正常的生活规律；第四，篇幅可长可短，但要主次分明、突出特点；第五，谋篇布局、选词用句应深思熟虑；第六，行文中应贯通文气，采用多种表达方式；第七，注重写作技巧的运用。

四、文学视阈下高校英语写作的学习模式与教学方法

（一）文学视阈下高校英语写作的学习模式

1.阅读指定文本

“读书破万卷，下笔如有神”，丰富的阅读积累是提高高校学生英语写作

水平的重要基石。正如前文所述，阅读英语文学作品有助于学生对句子的把控和词汇的运用、增强学生的英语写作兴趣、提高学生的篇章构筑能力，因此，学生要尽可能地利用各种时间去阅读英语文学作品，并在阅读的过程中发现问题、分析问题、解决问题，从而积累写作经验。需要注意的是，对英语文学作品的阅读不是“任意而为”，因为学生自身在知识储备等方面存在不足，使得他们在某些作品的阅读理解方面可能困难重重，因此，教师要在充分考虑各方面因素的基础上，为学生指定相应的阅读书目。

2.参与交流讨论

由于不同的文化之间存在一定的差异，所以学生在阅读的过程中可能会对同一情境产生不同的见解。因此，组织学生参与交流讨论也是高校英语写作的重要模式之一。学生在充分阅读的基础上，有组织地参与交流讨论，将自己的见解和阐释分享给大家，比照彼此间在阅读中存在的异同之处，并分析导致这一差异的原因所在。这一交流讨论的过程，不仅是一个依赖阐释策略创造文本意义的过程，也是一个吸收、内化语言信息的过程，在这一过程中，既能加深学生对英语文学作品的理解，又能使学生明白英语文化的思维方式与表达习惯，从而为下一步的英语写作奠定一个良好的基础。

3.进行信息反思

学生阅读英语文学作品的过程，既是对文本感受的过程，也是对文本信息进行反思的过程，而且每一次阅读学生都会产生新的感受，也会进行新的信息反思。学生针对交流讨论中出现的差异，结合自己的知识储备，通过查阅相关资料，找出自己先前在理解上存在的合理与不合理之处，从而加深自己对文本的理解，并提高自己在英语语言学习和掌握发明的能力，进而为英语写作做好铺垫。

（二）文学视阈下高校英语写作的教学方法

在高校英语教学实践活动中，学生英语写作能力的培养与形成是一个复杂、创造的过程，单一的教学方法是无法达到促进学生英语写作能力全面提高目的的。因此，教师要积极探索多种教学方法，为学生英语写作能力的培养与形成提供有力的支持。文学视阈下高校英语写作的教学方法主要有五种，即引导法、过程教学法、介绍法、讲授法、操练复习法。

1.引导法

引导法即教师引导学生进行写作训练的方法。具体来说，在高校英语写作教学的过程中，教师要系统地将写作内容传授给学生，引导学生准确使用词汇、句型、语法，正确架构文章的布局等。此外，教师还要引导学生掌握各种文体的写作格式，为学生的规范化写作提供保障。

2.过程教学法

过程教学法主要包括三大步骤：写前准备、写作阶段、重写阶段。其中，写前准备也可称为构思阶段，这一阶段的主要任务是教师要求学生根据写作要求，引导学生在头脑中将所能使用的资料调动出来，然后按照相应的逻辑将这些资料进行整理，形成腹稿；写作阶段又叫初稿阶段，这是写作的核心阶段，这一阶段的主要任务是教师引导学生将上一阶段形成的腹稿转化为具体的文本内容；重写阶段也可称为修改阶段，即教师要求学生对已经完成的文章进行反复阅读、重新梳理，并使学生在反复阅读、重新梳理的过程中发现问题并解决问题，在这一过程中，学生可能要对文章的内容进行删除或者扩充，甚至是重写。

3.介绍法

所谓介绍法，主要指的是在英语写作教学过程中，教师将英语民族的思维方式、文化风俗、词源历史等内容介绍给学生，使学生在头脑中对英语文化有一个重新的定位和认识，从而能够对英语语言做出正确的理解与反应，进而掌握如何用地道的英语传达自己的思想和情感。

4.讲授法

所谓讲授法，即教师向学生系统地传授有关写作方面知识的方法，这是一种传统的教学方法。具体到英语写作教学活动中，教师要将选词用句的基本原则、段落的布局、文章的结构等讲授给学生，使学生能够对英语写作有一个整体的认识。以文章段落讲授为例，具体内容如图 3-2 所示。

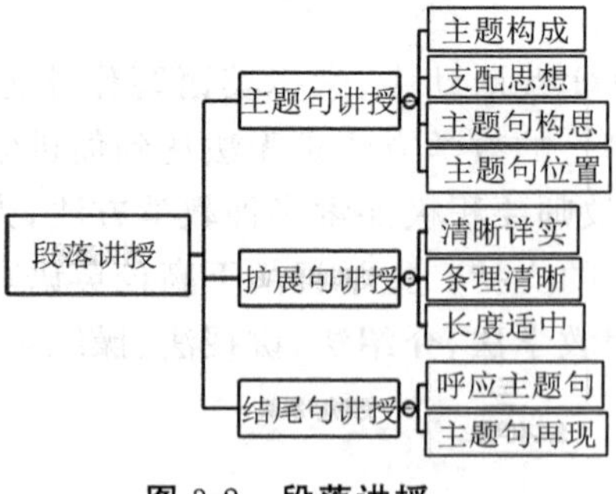

图 3-2 段落讲授

需要注意的是，教师在使用讲授法进行英语写作教学时，切忌“满堂灌”的被动式教学，要重视对学生的启发与引导，使学生在“被动”接受教育的过程中，能有“主动性”的收获。

5.操练复习法

操练复习法是指通过教师的引导，帮助学生巩固所学知识，并将所学知识应用到具体的英语写作过程中，从而形成技能、技巧的方法。操练复习法要求教师在英语写作教学的过程中，首先使学生对自己的优点与薄弱之处有一个明晰的认识，然后通过采用灵活的训练方式使学生在愉悦的学习环境中提高自己写作中的薄弱点，并最终提高自己整体的英语写作能力。

第四节　文学视阈下的英语口语教学

一、英语口语教学的重要性

语言是人类最重要的交际工具，口语作为言语的重要组成部分，在人类的交际中扮演着重要角色。鉴于此，英语口语教学应成为高校英语教学活动的重点内容，但事实并非如此，受考试标准、学习环境等的影响，英语口语教学一直没有得到应有的重视，这给学生英语口语能力的提高造成了非常不利的影响，进而阻碍了学生英语综合能力的提高。下面将从忽视英语口语教学的负面影响与英语口语教学的促进作用两个方面来阐述英语口语教学的重要性。

（一）忽视英语口语教学的负面影响

在高校英语教学活动中，忽视英语口语教学所带来的负面影响主要表现在四个方面，即听力较差、口语表达能力较差、阅读能力较差、写作能力较差。

1.听力较差

不重视口语教学导致学生口语训练机会远远不够，再之学生基本功不够扎实，使得学生在听力理解上困难重重，尤其是对同音词、近音词、词语连用中的省略等的掌握远远达不到教学标准的要求。

2.口语表达能力较差

忽视英语口语教学，且对学生的英语口语训练缺乏系统的指导，会在很大程度上影响学生英语口语学习的兴趣，甚至会导致学生英语口语学习动机的丧失，最终使学生难以开口，更不愿开口讲英语，那么学生的英语口语表达能力自然就“不忍直视”了。

3.阅读能力较差

系统的英语口语教学与训练，不仅能够培养学生的英语语感，而且有助于学生英语思维方式的建立，而英语语感与思维方式在提高学生英语阅读能力方面扮演着极为重要的角色。忽视英语口语教学，势必会阻碍学生英语语感与思维方式的形成与发展，进而制约学生阅读能力的提高。

4.写作能力较差

在学生英语学习的过程中，听力能力、口语表达能力、阅读能力、写作能力的形成与发展之间有着密切关系，可以说是相辅相成的。忽视英语口语教学给学生听力、口语表达、阅读等造成的不利影响，势必会波及学生的英语写作，最终致使他们写作能力不济。

（二）英语口语教学的促进作用

英语口语教学的促进作用主要表现在以下几个方面。

1.帮助学生丰富词汇量

长期的英语实践教学活动已经证明，如果单纯地让学生记单词，容易使学生产生疲劳、厌烦之感，从而使最终的记忆效果不佳。而如果将单词置于有情节的语段或文章中，让学生联系上下文理解、记忆，学生的记忆效果更佳。英语口语教学能够为学生提供相当丰富的有情节的语段或文章，这对丰富学生的词汇量是有巨大帮助的。

2.促进学生听力和思维能力的发展

在英语口语教学活动中，教师通过范读课文或播放录音，促使学生集中注意力，并激发他们的感知和想象。学生在听课文的过程中，会调动一切因素去探寻、把握文章的重要信息，这对促进学生听力和思维能力的发展是有巨大作用的。

3.提高学生口语表达能力

高校教师在英语口语教学活动中，通过系统化的讲解与训练，使学生理解并感受到英语口语学习的乐趣，从而激发学生学习英语口语的积极性和主动性，使学生敢于张口说英语、愿意张口说英语，进而为学生口语表达能力的提高提供有力的支持。

4.培养学生英语语感

英语语感的培养与形成对学生英语学习能力的提高具有不可或缺的作用。英语语感是构成学生英语素质的核心因素，学生通过长期直观感受的训练，能够达到快速理解语言和文字的境界。在英语口语教学活动中，教师通过调动学生，促使学生的各种感官积极参与到对语言材料的理解与把握活动中去，从而培养学生的英语语感。

5.提升学生英语写作水平

英语口语教学涉及听力、词汇、阅读等多方面的内容，对学生进行系统化的英语口语教学与训练，能够提高学生的听力能力、口语表达能力、阅读能力等，而这些能力与学生英语写作能力之间是相辅相成的。所以，英语口语教学有助于提升学生的英语写作水平。

二、英语口语教学现状

听、说、读、写是高校英语教学活动的重要内容，但由于受主、客观多种因素的影响，听和说一直没有得到应有的重视，以至于英语口语成为整个高校英语教学活动中最薄弱的环节。当下，我国高校英语口语教学中存在的问题主要表现在以下几个方面。

（一）学生自身口语水平低

近些年来，虽然我国高校的英语教学在多次改革后有所发展，但从学生的角度来看，学生的英语学习能力并没有太大的提高，其中的一个表现就是学生对所学单词的应用能力极为有限。这在很大程度上限制了学生自我表现的欲望，具体到口语表达上则表现为“有心无力”，久而久之，学生对英语口语的学习就会失掉兴趣，口语水平的提高也就成了一纸空文。

（二）碍于面子，害怕出错

在我国高校英语教学活动中，阻碍学生英语口语能力提高的一个重要原因即是学生把“面子”看得太重。由于学生自身的英语知识储备不充裕、各方面的基本功也不够扎实，使得他们在开口讲英语时总是顾虑重重，怕说错、说不好、遭人讥笑、丢掉面子等，最终造成的后果是陷入“越怕越不敢说，越不敢说越不会说”的恶性循环。

（三）学习兴趣不足

进入高校之后，英语教学的任务和目标发生了重要变化，新的教学与目标将传统应试教育置于从属地位，而对学生的英语综合应用能力提出了更高的要求。按道理来讲，新的英语教学任务与目标的制定，能够促进学生英语学习能力的提高，但事实并非如此。高校学生，尤其是非英语专业的学生，将这一教学任务和目标曲解为英语不再重要，于是就提不起认真学习英语的劲头。就英语口语而言，因为其本身在英语考试中所占比例就不高，再加上中学阶段口语教学不受重视，使得学生更不把英语口语学习放在眼里，于是学生学习英语口语的兴趣自然就不足，学习动机也不强。

（四）缺乏必要的语言环境

杰斯伯森说过，学好外语的首要条件是尽可能让学生接触和使用外语。[①] 但在我国高校英语教学活动中，学生是在汉语环境中学习英语的，所能接受的英语口语学习的机会也仅局限于每周有限的英语口语课堂。而且，在这有限的英语课堂教学活动中的口语训练，基本上都是由教师主导、机械训练的，师生之间是缺乏情感交流的。这样的语言环境，对学生英语口语能力的发展产生了非常不利的影响。

（五）忽视口语训练的重要性

虽然高校的英语教学任务和目标已经发生了改变，但当下高校英语考试仍以笔试为主，教师在教学活动中仍以传授语法知识为主，学生学习英语的意识与目的仍以通过考试为主，而高校的英语考试是不重视英语口语的。这些因素使得教师与学生都没有认识到英语口语训练的重要性，进而也就

---

① 高雅平.实用英语教学[M].北京：中国纺织出版社，2018：94.

影响到了学生英语口语能力的形成与发展。

（六）教师口语水平低

高校英语教师口语水平低主要表现为语音语调不准确、无法用英语流利地进行教学等。教师口语水平低主要是由两方面原因造成的：一方面，教师没有认识到口语教学的重要性，致使自己没有动力去提升自身的口语水平；另一方面，大多数的教师都不是专业的口语教师，没有接受过系统的训练，因此不能给予学生系统而有效的口语教学与训练。这些因素都对学生的口语学习造成了非常不利的影响。

（七）教学方法机械化、简单化

教学方法的机械化与简单化也是我国高校英语口语教学中的重要问题之一。虽然学生已经进入了高等教育阶段，但大多数英语口语教师们并没有意识到改变教学方法的重要性，依然采用常规的教学方法去进行口语教学，比如将词汇的教学方法生搬到口语教学中、采用“领读＋跟读”教学法等。机械化、简单化的教学方法使学生根本体会不到英语口语的魅力，也领会不到英语口语表达的精华，自然就不能有效地调动学生学习的积极性，那么学生英语口语学习的效果自然也就不理想。

（八）师生关系认识不准确

英语口语教学应该以教师为主导，以学生为主体，这样才能充分发挥教师与学生的作用。但当下我国高校的英语口语教学并非如此，教师在口语教学活动中不仅居于主导地位，而且“发挥”着主体作用，学生只能被动地接受“填鸭式”的教学。这使得英语口语教学课堂缺少必要的师生之间的交流与互动，学生缺乏学习的兴趣与热情，长此以往，学生学习英语口语的积极性与主动性就会大打折扣，甚至对英语口语学习产生排斥情绪。

三、英语口语教学方法探究

（一）营造课堂氛围，加强口语交际训练

加强口语交际训练是提高学生英语口语水平的重要举措，因此，在英语口语教学活动中，教师要营造积极的课堂氛围，让学生切实参与到教学活动中来。比如，教师可以让学生分角色表演某一英语文学作品中的经典桥段，

或者将英语文学作品中的小故事改编成游戏并使学生轮流参与等。只有让学生参与课堂教学，才能充分调动学生口语学习的积极性，才能为学生英语口语学习能力的提高提供有力的支持。

（二）组织课堂活动，让学生自由表达

组织课堂活动让学生自由对话对英语口语教学活动也有重要的意义。在英语口语教学活动中，教师可以通过组织丰富多彩的课堂活动让学生自由对话，以此来提高学生的英语口语学习的兴趣和热情。

1.课前口语练习

在教学活动开始前，教师可安排 2～3 名学生到讲台上，用 4 分钟左右的时间，将自己最近阅读的英语文学作品介绍给大家，具体内容可以是故事梗概、人物形象、语言特色等。全班轮流进行，人人参与，以达到训练学生英语口语表达能力的目的。

2.表演课本剧

表演课本剧也可以称为分角色模拟会话或分角色表演，主要是由教师指定或学生自行选择英语文学作品中经典桥段、小故事等，然后进行角色扮演。表演课本剧在英语口语教学活动起着重要作用，它不仅能够营造有趣的课堂氛围，而且有助于训练学生的艺术语言和形体语言。

3.加强朗读训练

朗读训练也是提高学生口语表达能力的重要方法之一。教师通过组织学生朗读英语文学作品，让学生在品味作品意蕴的同时，体味抑扬顿挫的语音语调。而在这一过程中，教师一方面要肯定学生的表现，给予他们自信，另一方面还要及时指出学生在语音、语调等方面的问题，从而使学生在自我纠正的过程中培养自己的语感、提高自己的口语表达能力。

（三）有效运用改错艺术

虽然学生在进入高校之前已经有了一定的口语基础，但依然存在出错的可能，因此高校教师要在英语口语教学过程中注意对改错艺术的有效运用。当学生口语表述有误时，教师切莫立即打断、直接纠正，因为这样很容易给学生的思想造成一定的压力，从而打击学生参与课堂教学活动的积极性，进而影响学生英语口语能力的提高。一般情况下，教师可根据学生出错

的具体情况采取相应的措施，比如当学生出现小错误时，教师可通过肢体语言（摆手、摇头等）给学生以暗示，使学生自己纠正；当学生出现的错误较大时，教师可先让学生表述完，然后组织讨论，最后由这一学生重述一遍，这样既能够维护学生的自尊心，又有助于提高学生的表现力，从而激发他们的学习兴趣

（四）坚持用英语教学

坚持用英语教学也是提高高校英语口语教学效率的重要举措。在教学活动过程中，教师采用英语口语表述，不仅能够提高学生的英语听力能力，而且能够为学生训练英语口语提供有效的示范。但需要注意的是，教师的英语口语要标准，语调、语音掌控要适度。这就要求教师在坚持用英语教学的同时，还要不断提高自己的口语水平和教学组织能力，以为顺利完成教学任务提供保障。

第四章　文学视阈下的英汉翻译实践教学

英汉翻译教学不仅能够加深学生对英语文化的理解，而且对提高学生的英语综合能力也有着重要意义。本章着眼于文学视阈下的英汉翻译实践教学，主要从翻译教学理论与文学翻译理论两个方面对文学视阈下的英汉翻译理论进行具体的分析，从英汉翻译的应用基础与应用实践两个维度对文学视阈下的英汉翻译应用进行详细的探究。

第一节 文学视阈下的英汉翻译理论

一、翻译教学理论

英汉翻译教学活动的顺利开展，离不开翻译教学理论的支持，这里笔者主要从翻译教学现状分析、翻译教学的目标、翻译教学课程教材编写原则、翻译教学中的教师与学生以及翻译教学的发展趋势等方面对翻译教学理论进行阐述。

（一）翻译教学现状分析

1.翻译课堂教学现状

虽然我国的翻译课堂教学随着课程的改革取得了一定的成效，但从整体上说，依然存在诸多的问题，比如以课堂为主、以书本为中心、教学模式单一等。就教师而言，他们极为重视语法等知识的传授，而对学生翻译技能的培训却没有给予足够的重视；就学生而言，他们往往把大量的时间花在词汇、语法等的学习上，而忽视了对自身翻译能力的培养与提高。这些因素都阻碍了学生翻译能力的提高，进而不利于国家翻译人才的培养。

2.教学内容现状

当下，我国已经进入了一个经济、文化多元化发展的新时代，人们的思想观念发生了巨大的变化。在这种大氛围下，高校学生的思想、个性等也有了深刻的改变，从而需要更丰富、更新鲜的教学内容来刺激他们的神经，激活他们的学习动机。但遗憾的是，当下大多数高校所使用的教材依然是传统的教材，这种教材的专业性一般都比较强，且偏重于理论知识的阐述，对诸如现代社会的科技、法律、军事等内容都极少提及。这不仅无助于学生对专业知识与专业术语的掌握，而且给学生的翻译学习带来了诸多的困难。

此外，部分高校没有考虑到不同专业学生对英语翻译的不同需求，而给所有专业的学生配备了相同的翻译教材，这不仅无法满足不同专业的教学需求，而且在很大程度上降低了学生的学习兴趣。

3.学生翻译素质现状

(1)学生英语功底不扎实

近年来，我国高校不断扩招，这在一定程度上使得高校教育质量有所下降，学生的平均综合能力水平也大不如前。就高校英语翻译教学活动而言，学生英语功底的不扎实，会给翻译课程教学的开展带来了直接的不利的影响。当下，在高校英语翻译教学活动中，我们常常会看到这样的现象：学生能够在整体上理解英语文章的意思，而且能很好地完成阅读理解或完形填空，但是要他们将文章准确地翻译成汉语就比较困难了。

从整体上说，目前高校学生的翻译能力是让人担忧的，还有很大的提升空间。高校学生在翻译实践中常见的问题主要表现在两个方面。

第一，不能准确或较为清晰地理解英语句子的含义或引申义，这使得他们翻译出来的句子极为生硬。

如：They have developed an interest in gardening.

学生翻译：他们对园艺发展了兴趣。

正确翻译：他们对园艺产生了兴趣。

第二，不能很好地解决词序或语序问题。受英语句式、词序搭配等的影响，学生所翻译出来的句子大多不符合中文的表达习惯，有时会很牵强。

如：It is simple that different people do the same things in different ways.

学生翻译：只不过是不同的人做同样的事以不同的方法。

正确翻译：只不过是不同的人用不同的方式做同样的事情罢了。

(2)学生对英语文化不了解

学生对英语文化的不了解主要表现为学生对西方民族的文化、信仰、价值观等背景知识的不了解,这也给学生的英语翻译造成了一定的困难。举例来说,英语单词"help"的常见意思为"帮助",但是在不同的语境中,"help"是有不同含义的。

如:Please help yourself to some pork.

译文:请随便吃点肉。

在这个句子里边,"help"只是句式的一部分,是不能单独拿出来翻译的。

再如:The medicine helps a cold.

译文:这种药可以治疗感冒。

在这个句子中,"help"也是不能简单地翻译为"帮助"的,而是要根据句子的整体含义进行翻译,很明显,翻译为"治疗"更为恰当。

这种现象出现的根本原因主要是学生对西方人的思维方式、表达习惯等不甚了解,因而在具体的翻译实践中往往按照汉语的语言习惯及思维惯性进行翻译。

4.教师翻译素质现状

高校教师的翻译素质与水平也是影响高校英语翻译教学的重要因素。当下,在我国高校从事翻译教学的教师中,有很大一部分教师是从学校毕业之后直接从事翻译教学工作的,他们是缺乏相关翻译实践经验的。这使得他们不能紧跟时代的步伐,教学过程中的内容也比较落后,导致的结果就是学生也无法跟上社会上翻译的时代步伐。

此外,随着高等教育规模的不断扩张,教师资源短缺的问题逐渐凸显。不断扩大的班级规模,使教师很难做到因材施教,再加上繁重的科研任务,更是压缩了教师提高自身素质与能力的时间和精力。翻译教学中教师面临的问题自然会直接作用于学生,造成的结果也就不言而喻了。

5.翻译教材现状

当前高校所使用的翻译教材虽有部分的创新,但整体上沿用的依旧是传统翻译教材的内容。翻译教材存在的问题主要表现在两个方面:第一,教材内容滞后于时代的发展,缺乏时代性强、信息性强的翻译例子,这在很大程度上降低了学生学习英语翻译的兴趣。第二,教材编制水平有限,这主要表现在两个方面:一方面,缺乏相应的辅助教材;另一方面,翻译练习设计不合理,具体表现为三点:①重视汉译英练习,忽视英译汉练习;②文学类例子较多，不利于学生翻译综合能力的培养。

（二）翻译教学的目标

翻译教学是一种综合素质的训练，它是在学生具备一定语言能力的基础上，对学生的跨文化思维能力、双语交际能力进行训练的教学活动。翻译教学目标是指教学活动完成时，学生所应达到的理想状态。关于高校翻译教学的目标，不少中外的学者都给出自己的看法，具体内容如表 4-1 所示。

表 4-1　翻译教学的目标

学者	翻译教学目标
海蒂姆	培养笔译和口译人才
贝尔纳迪尼	①提高学生对译者“文化中介”身份的认识； ②促进学生对翻译策略与翻译技巧的使用
戴维斯	①培养口译、笔译实践型人才； ②培养媒体编译人才； ③培养与语言相关的文字修订人才
杨柳、张柏然	培养学生的“技”与“道” （“技”：翻译技巧与策略；“道”：翻译素质）
刘宓	①强化学生的翻译认知； ②培养学生的翻译能力
沙夫纳	培养学生的翻译能力

上所述，高校翻译教学的主要目标是在专业教师的指导与引领下，学生能够提高自身的英语学习水平以及翻译能力，其中翻译能力主要包括五个方面的内容，如图 4-1 所示。

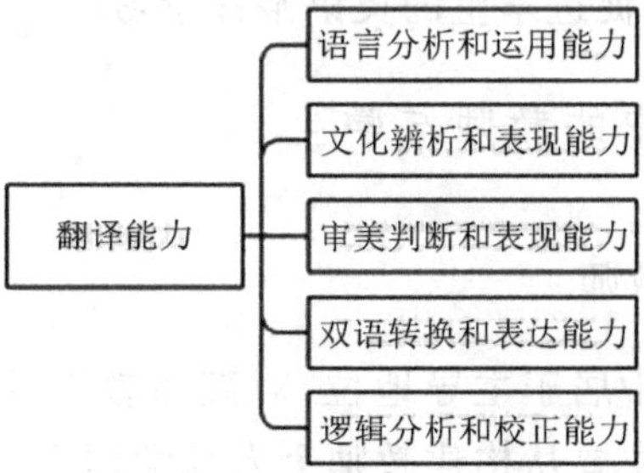

图 4-1　翻译能力的内容

（三）翻译教学课程教材编写原则

翻译教学教材的编写原则主要包括四个方面的内容，即以学生为中心原则、跨专业合作原则、实用性原则、知识性原则。

1.以学生为中心原则

我国当前的教学理念是以学生为主体，所以要想真正提高学生的英语学习能力和翻译水平，必须从学生的主体性入手，在调动学生学生积极性的基础上，将学生的主体性发挥到极致。因此，在编写翻译教材时，要以学生为中心，突出学生的学而不是教师的教。

2.跨专业合作原则

跨专业合作原则要求教材编写人员在编写翻译教材的过程中，要充分考虑不同专业之间的差别，以及不同专业学生英语水平之间的差异，从而使进入翻译教材的内容符合不同专业、不同学生的需求，从而为提高学生的翻译能力提供有力的支持。

3.实用性原则

实用性原则要求教材编写人员在编写翻译教材的过程中，要充分考虑和分析高校学生的真正需求，以及他们在将来工作生活中可能所需的技能，从而确保学生能够通过在学校的学习，使自身在获取知识、掌握技巧、应用实践等方面的能力获得提高。

4.知识性原则

知识性原则要求翻译教学教材所提供的内容应当是学生真正感兴趣的，这样才能激发学生学习的兴趣，而学生只有在良好的兴趣的指引下才能够激发学习动机，进而促进学生的英语翻译学习。

（四）翻译教学中的教师与学生

1.翻译教学中的教师

教师在翻译教学中居于主导地位，对翻译教学活动的顺利展开有着巨大的推动作用。这里主要从构建教师个人教学理论与高校英语师资队伍建设理念两个方面对翻译教学中的教师进行分析。

(1)构建教师个人教学理论

教师的个人教学理论是教师的教学核心,翻译教学中构建教师个人教学理论可以从两个方面着手。

第一,发现自己的教学理论。教师的个人教学理论是在长期的教学实践活动中形成的,但是由于受多种因素的影响,有相当一部分教师并没有梳理出属于自己的理论,自然也就很难将个人的教学理论应用到具体的翻译教学实践活动中。所以教师要在翻译教学活动中,经常对自己的教学方式进行思考和总结,并将思考和总结出来的内容系统化、理论化,形成自己的个人理论,为提高自身的翻译教学能力以及学生的翻译学习能力提供有力的支持。

第二,学习公共英语教学理论。公共英语教学理论与翻译教学理论存在一定的相关性,会在一定程度上对翻译教学的教学决策产生一定的影响。所以教师在翻译教学实践活动中,要积极学习公共英语教学理论,吸收其中有助于丰富自己教学理论的内容,从而为之后的翻译教学提供更加坚实的基础。

(2)高校英语师资队伍建设理念

高校英语师资队伍建设理念主要包括四个方面的内容:第一,以人为本,促进教师共同发展;第二,以教学为本,实现以教学带科研、以科研完善教学;第三,以开放式建设为指导,多维度提高教师素养;第四,以团队建设为目标,实施分层培养。

2.翻译教学中的学生

学生在翻译教学中居于主体地位,学生的翻译学习水平是评价教师翻译教学质量的重要因素。这里主要从学生的学习动机以及学生的智力两个方面对翻译教学中的学生进行分析。

(1)学生的学习动机

翻译教学中学生的学习动机主要表现为学生渴求英语翻译学习的强烈愿望和求知欲,它是一种推动学生学习的内部动因,在学生的翻译学习中占据着重要的位置。因此,在翻译教学过程中,教师要采取多样化的教学手段与教学方法,来激发学生的学习动机。

(2)学生的智力

学生的智力水平也是影响翻译教学的重要因素。受先天遗传因素与后天学习环境等的影响,不同学生之间的智力水平存在一定的差异,虽然不能说学生的智力决定其学习的能力与水平,但智力在很大程度上能影响学生学习的效果。因此,教师在翻译教学活动中,要正确对待学生之间的智力差异，并根据学生的智力水平对他们提出有针对性的学习要求。此外，教师还可以采用多元智力教学法来提高学生的思维能力，进而提高他们的学习能力。

（五）翻译教学的发展趋势

1.翻译教学与社会

(1)翻译教学的材料要适应社会的发展

当下，在我国很多高校中，英语专业的全称为"英语语言文学"或"英语语言文化"，所以翻译课传统上基本是以文学作品为素材的。但是，随着社会经济的不断发展，我们能够发现，国家对翻译人才的需求不再局限于文学或文化领域，而是已经拓展到了经济、法律、外交等领域。在这种大环境下，我国翻译教学的材料必须进行必要的转型，以适应社会的发展，具体表现为应以实用文体（即经济、科技、法律、外交等）的材料为主培养学生的翻译实践能力。

(2)学生在学习过程中考虑如何适应社会发展

学生在翻译学习的过程中，要考虑自身如何通过有效的学习，来适应社会的快速发展。具体来说，学生要从三个方面着手：第一，端正学习态度，真正认识到翻译学习的重要性；第二，树立"终身学习"观念，不断探索新知识、学习新技能；第三，重视社会实践。

(3)教师的职业发展要跟上时代的步伐

就翻译教师而言，翻译教学的发展趋势主要表现为教师的职业发展要跟上时代的步伐。具体来说，教师应从四个方面着手：第一，广泛阅读、重视对多学科知识的学习；第二，适当从事一定的社会翻译实践工作，并将学到的经验带入课堂教学；第三，了解学生的心理特点、知识情况等，做到因材施教；第四，适当参加一定的学术研讨与教学研讨，提升自己的能力。

2.翻译教学中的发展

(1)翻译教师自身的发展

翻译教师自身的发展主要包括三个方面的内容：第一，从生态哲学的视角来看，翻译教师要成为"生命型教师"，①即教师要尊重生命；第二，翻译教师要适应社会与环境的发展；第三，翻译教师要强化自主发展。

---

① 赵丹.翻译教学原理及其文学应用实践[M].北京：中国纺织出版社，2019：48.

(2)学生自身的发展

学生自身的发展主要包括以下内容:首先,学生要与同伴建立良好的关系;其次,学生要学会与翻译教师和谐相处;最后,学生要根据自己翻译学习的实际情况做好职业规划。

二、文学翻译理论

(一)文学翻译的界定

1.文学翻译与翻译文学

文学翻译是指将一种语言的文学类作品翻译成另一种语言的行为,与之相对的是科学翻译(包括对自然科学和社会科学作品的翻译)。比如,将列夫托尔斯泰用俄语创作的《安娜·卡列尼娜》翻译成中文,即属于文学翻译。

翻译文学是文学的一种存在形式,在某种程度上可以说,翻译文学指的主要是文学翻译者所翻译的文学作品。

2.文学翻译与非文学翻译

文学翻译与非文学翻译是两个有明显差别的概念,它们之间的差别主要表现在两个方面:所属范畴与传达内容。

(1)所属范畴

文学翻译属于艺术范畴,其翻译的客体主要是文学类作品,如小说、诗歌、戏剧等;非文学翻译属于非艺术范畴,其翻译的客体主要是自然科学或社会科学作品,如数学、医学等。

(2)传达内容

文学翻译所传达的内容主要有两点:一是原作中的故事情节等基本信息;二是原作中所含的艺术性与审美性。实际上,第二点内容在翻译时的难度是非常大的,因为作品中的艺术与审美信息是抽象的,都属于"变量"的范畴。以李清照的《如梦令·常记溪亭日暮》为例:

《如梦令》

常记溪亭日暮,沉醉不知归路。
兴尽晚回舟,误入藕花深处。
争渡,争渡,惊起一滩鸥鹭。

如果在翻译时，只是简单地传达基本的信息，将这首词翻译为“还记得那次在溪边亭中游玩到傍晚，沉迷在优美的景色中忘记了回家的路。尽兴以后却不料走错了路，小船划进了藕花深处。怎么出去呢？叽喳声、划船声惊起了一滩鸣鹭”，而没有在理解诗人创作心境以及诗歌创作背景的基础上进行创作性的艺术加工，就不能很好地将原作中的美学价值等传达出来，那么翻译的任务也就没有完成，这一行为就不是真正的文学翻译。

相较于文学翻译，非文学翻译则比较客观与具体，其主要任务是将原作中的观点、定理、数据等相对“稳定”的信息传达出来，所以，在某种程度上可以将非文学翻译理解为“信息传递性翻译”。

（二）文学翻译的性质

文学翻译的性质主要包括两个方面的内容，分别是相对忠实性与创造性。

1.相对忠实性

不同于非文学翻译的绝对真实，文学翻译追求的是一种相对的真实。文学翻译不可能绝对忠实于原作，这是由多方面原因造成的，比如读者的差异、译者的差异、不同语言之间的差异等。

（1）读者的差异

不同的时代、地域，具有不同文化水平、性格的读者，对文学翻译作品的理解与感受也不同。从这个角度来说，翻译者就没有办法将原作的艺术性、审美性等“同等”地传达给每一位读者。

（2）译者的差异

受知识水平、文学素养等的影响，翻译者对原作的理解和感受也是不尽相同的，这不仅使得翻译出来的文学作品水平、质量参差不齐，而且在很大程度上“限制”了原作“绝对真实”的再现。

（3）不同语言之间的差异

文学翻译中的原作与译文语言是属于不同语种的，它们之间有很大的差别，这就使得某些语言体现出来的文学性是另一种语言无法翻译的。比如我国古诗词中的韵律感与节奏感，是其他语言所无法呈现的。

2.创造性

文学翻译是翻译者在原作基础上所进行的二度创作，具有一定的创造性。文学翻译的审美价值充分体现了它的创造性，具体来说，涉及多方面的因素，如译者的思想、情感因素、认知因素等。

翻译者在准确把握原作内蕴的基础上，结合自己的感悟与理解，将原作的文学意境有效地展现出来，力求译作的“美”与原作等同。像这样翻译者与原作双向互动的过程，就是翻译者对原作审美创造的过程。以爱德华·菲茨杰拉德(Edward Fitzgerald)所翻译的波斯诗人莪默·伽亚谟的《鲁拜集》中的一节为例。

爱德华·菲茨杰拉德译：

Ah，Love! could thou and I with fate conspire，
To grasp this sorry Scheme of things entire，
Would not we shatter it to bits and then
Re-mould it nearer to the Heart's Desire!

直接译自波斯文的汉语译本：

张鸿年译：

如若能像天神一样主宰苍天，
我就把这老天一举掀翻，
再创造另一重天宇，
让不愿为奴隶的人称心如愿

张承志译：

若能像亚兹丹神驾御天穹，
我便把这层天，从中拿掉。
并重新另造一个天空，
使自由的心儿，快乐如愿。

通过对比，我们能够发现菲茨杰拉德的翻译不仅“打破了希腊悲剧的界限，背离了大师的步伐”，甚至重新勾勒出了一个新的整体，从而“实现了原文的灵魂转世”。[①]

（三）文学翻译的理论基础

1.西方文学翻译理论

(1)功能理论与文学翻译

功能理论的代表人物是弗米尔，这一理论认为文学翻译要遵循三个原

---

① 邵斌.翻译即改写：从菲茨杰拉德到胡适——以《鲁拜集》第 99 首为个案[J].北京第二外国语学院学报，2010(12)：10.

则，即目的原则、连贯原则以及忠实原则。其中，在目的文本原则下，目的文本的预期功能决定着翻译的过程与结果；连贯原则要求翻译者向译入语读者提供的文本信息与目的语文化相连贯；忠实原则要求翻译者的文学翻译，需建立在对原作的充分尊重与理解基础上。

(2)操纵理论与文学翻译

操纵理论的代表人物有巴斯奈特、赫尔曼斯等，这一理论认为“所有的文学翻译都意味着翻译者在特定意图下，对原作进行某种程度的操纵”，[①] 即翻译者在文学翻译中起着重要作用。

2.我国文学翻译理论

(1)傅雷的“神似说”

傅雷的“神似说”强调，在文学翻译的过程中，要再现原作的风格和神韵，文学翻译不求形似，只求神似。傅雷所说的神似主要包括两个方面的内容：第一，尽力传达原作的基本内容与意趣；第二，最大限度地再现原作的风格与神韵。

(2)钱钟书的“化境说”

钱钟书的“化境说”与傅雷的“神似说”有很大的相似性。“化境说”主要包括两点内容：“无痕”与“存味”。具体来说，即要求翻译者在文学翻译的过程中，既能够不被原作的思想内容和语言风格束缚，又能够将原作的艺术境界更好地传达出来。

(3)许渊冲的“美化之艺术”

许渊冲的“美化之艺术”是从再创造的角度对文学翻译的阐述。“美化之艺术”主要包括三个方面的内容，即美、化、之。其中，“美”包括音美、形美、意美；“化”包括等化、深化、浅化；“之”包括知之、好之、乐之。

(四)文学翻译的审美性

1.文学翻译中影响审美的因素

文学翻译中影响审美的因素主要有三个：

第一，原作在审美上的结构以及作者在写作过程中的审美心理。这是影响审美的首要因素，要求翻译者在翻译的过程中，最大限度地尊重、顺应原作的审美结构与作者的审美心理。

---

① 武锐.翻译理论探索[M].南京：东南大学出版社，2010：97.

第二，译入语读者的审美心理与标准。一般情况下，翻译者在进行文学翻译时，心中都会存有假定的读者群，然后在充分考虑读者审美心理与标准的基础上进行翻译。

第三，翻译者自身的审美心理与标准。这是影响译文审美的最重要的主观因素。

2.文学翻译中审美再现的过程

文学翻译中审美的再现，需要经历四个过程，分别是制定宏观翻译策略、造句、组合成章以及用词与用语。

(1)制定宏观翻译策略

制定宏观翻译策略，既是文学翻译的首要步骤，也是审美再现的前提。一般来说，宏观翻译策略的制定主要包括三个方面的内容，即文体选择（如小说、戏剧、诗歌等）、译文的语言选择（如普通话、方言或者现代文、古文）、篇章内容的取舍。

(2)造句

造句是文学翻译中审美再现最重要的步骤，因为句子是文学作品中的关键因素，只有将每一个句子都完美地翻译出来，才能将原作的“美”完整地呈现出来。因此，翻译者在进行文学翻译的过程中，要以句子为单位，从整体上把握原作的艺术审美价值，力求通过全方位的思考，将原作的“美”完整地呈现出来。

(3)组合成章

翻译者在将句子翻译出来之后，就需要将它们组合成章。组合成章要求翻译者处理好两个方面的问题：第一，检查译作的连贯性，具体来说有三点内容，即句子与句子之间的连贯性、段落与段落之间的连贯性、译文中主句的意思是否突出。第二，检查译作的风格与原文是否一致，具体来说，就是检查译文的语言风格是否与原文一致。

(4)用词与用语

用词、用语对文学翻译中审美的再现也有很大的影响，恰如其分的用词与用语能够更好地将原作的审美价值呈现出来。一般情况下，文学翻译者在用词、用语时，要重点关注原作中的主要信息，具体来讲，主要包括五个方面的内容：第一，原作中起画龙点睛作用的用词、用语；第二，原作中文化背景丰富的用词、用语；第三，原作中含义丰富的用词、用语；第四，原作中使用的专有名词；第五，原作中使用的而译入语中却找不到的用词、用语。

第二节　文学视阈下的英汉翻译应用

一、文学视阈下英汉翻译的应用基础

翻译是语言符号之间的转换，是意义的传达与文化之间的交流。就文学翻译而言，其在促进不同文化之间的交流融合，以及文学自身的发展等方面起着不容忽视的作用。这里主要从文学翻译的重要性、文学翻译者的素质、文学翻译的原则以及文学翻译的标准和过程四个方面，来分析文学视阈下英汉翻译的应用基础。

（一）文学翻译的重要性

1.文学翻译的意义

文学翻译的意义可以从文学语言、艺术表现形式以及文艺思想三个方面来理解。就文学语言而言，文学翻译能够在很大程度上促进不同国家之间的文学交流，从而丰富不同国家文学语言的词汇与语法；就艺术表现形式而言，文学翻译有助于推动不同国家的诗歌、散文、小说、戏剧等艺术表现形式的发展，比如我国五四时期新诗的兴起与发展就受到文学翻译很大的影响；就文艺思想而言，文学翻译能够在一定程度上将新的思想带入不同的国家，比如我国文学思想中的“形神”“形象”等，都曾受到佛教典籍的影响。

2.文学翻译的价值

文学翻译的价值主要体现在两个方面：一方面，作为文学创作中的一种具有从属性质的媒介，文学翻译能够给译介国带来新的作品；另一方面，文学翻译能够使译介国在汲取精华、借鉴优点的基础上，推动本国文学的文学语言、艺术表现形式、文艺思想等的发展。

（二）文学翻译者的素质

要做好文学翻译工作，就需要文学翻译者具备相应的素质。通常来说，文学翻译者的素质主要包括五个方面的内容，即语言的感悟力、丰富的想象、丰富的情感、审美艺术修养以及职业道德。

1.语言的感悟力

语言的感悟力是翻译者首先要具备的素质。感悟语言之美，通常要求翻译者在了解语言自身的构成，以及与人的精神情感相关联的诗性内涵的基础上，结合具体语境和作者写作的意图，感知语言所表现出的节奏、韵律、情感、风格等审美意蕴。比如，my love is like a red，red rose（Robert《A Red，Red Rose》），诗句中两个 red 并不只是简单的语义重复，它暗含着作者深沉情感的抒发；诗句中辅音词语占据主导，给人语气轻柔的印象，而含/əu/、/ai/等双元音词语的反复出现，又给诗句定下了徐缓悠扬的基调。不言而喻，如果缺乏对语言的感悟力，译者就不能很好地理解作者的意图，甚至误解作者所要表达的情感，从而也就不能达到翻译的目的。

2.丰富的想象

丰富的想象也是文学翻译者必须具备的重要素质之一。在文学翻译的过程中，翻译者只有具备丰富的想象，才能使原文中的艺术世界在另一种文化中得到最成功的再现。需要注意的是，文学翻译者在翻译过程中想象的发挥，需要建立在尊重原文内含的基础上，只有尊重原文，符合原文情感的表达，才能使原文的艺术世界得以再现。

3.丰富的情感

文学作品之所以能够经久不衰，很大程度上在于其含有丰富的情感。因此，文学翻译者在进行翻译的过程中，要将原文中所包含的情感体现出来，这不仅要求翻译者具有敏锐的觉察力和感受力，还要要求其具备丰富的情感。如果不具备这两方面的能力，翻译者就会失去感悟情感的基础与方向，一切也就无从谈起了。

在具体的翻译实践过程中，如果翻译者只是重视对文本或语法等的信息转化，而忽略对文本字里行间所含情感的转达，那么翻译出来的文本不仅毫无美感，而且无法得到读者情感上的共鸣。如 Joseph P. Blank 的 *Face to Face with Hurricane Camille*：

The wind sounded like the roar of a train passing a few yards away. The house shuddered and shifted on its foundations. Water inched its way up the steps as first-floor outside walls collapsed. No one spoke. Everyone knew there was no escape; they would live or die in the house.

普通译文：

风声听起来就像从几码远的地方经过的火车声一样。房子颤动起来在地基上滑动。当一楼外墙塌陷时，水慢慢地沿着台阶漫了上来。没人说话，每个人都明白谁也逃脱不了，他们要死、要活都在房子里。

通过阅读原文我们能够发现，虽然翻译者也完整地将原文的意思表达了出来，但在节奏的掌控与氛围的营造上与原文有所出入，没有很好地将作者的情感与文本意境的塑造表现出来，因此不能很好地引起读者的情感共鸣。试将译文调整如下：

此时风声大作，有如列车飞驰的呼啸声。房子在剧烈地颤抖着，地基也跟着摇晃起来。一楼外墙倒塌，海水漫上楼梯。大家一声不吭，个个心里都明白，已是在劫难逃，不管生死，都要在这房子里了。

4.审美艺术修养

文学翻译者素质中的审美艺术修养主要包括两个方面的内容：一是语言和文字方面的审美修养；二是翻译者知识的涉及面。

就语言和文字方面的审美修养而言，文学翻译者只有具备这方面的修养，才能对其所译作品的语言价值与文学价值知其然，并且知其所以然。

就翻译者知识的涉及面而言，文学翻译者不仅要对其分内的翻译知识了然于心，还要掌握一些与翻译相关的其他学科的知识，比如美术、建筑等。只有不断拓宽自己的知识面，翻译者才能在翻译实践中做到游刃有余，从而使译作达到理想的效果。

5.职业道德

职业道德是从事任何职业都必须具备的基本素质，文学翻译更是如此。因为文学翻译的成果（译作）面对的主要对象是不懂外语或不看外语原著的读者，而读者对译作质量的信任是建立在对译者完全信任基础上的，所以，文学翻译者必须具备良好的职业道德素质。

（三）文学翻译的原则

文学翻译的原则主要包括三个方面的内容，分别是忠实、通顺和美。

1.忠实

忠实原则要求文学翻译者在翻译的过程中要忠于原作，对原作负责。具体来说，翻译者要注意三个方面的内容：第一，相对忠实，由于文化之间的差异，再加上文字音、意、神等方面的限制，文学翻译不可能达到百分百，翻译者只要达到七八成或八九成即可；第二，忠实并非逐字翻译，这里所说的忠实是语义的忠实，而不是文字的忠实，因此，在文学翻译的过程中，翻译者要在尊重原文的基础上，将隐藏在文字组合中的深意挖掘出来；第三，译文需达意传神，达意传神要求翻译者在翻译时，要在对原作所属文化有相当了解的基础上，将存于原作语言表达中的言外之意翻译出来。

2.通顺

通顺是相对于翻译语言来说的，即要求译文的语言自然、流畅，符合译入语的语言习惯与规范。在具体的翻译实践中，翻译者要使译文语言通顺，需要注意两点内容：一是需要以句为本位进行翻译；二是完全根据“中文心理”进行翻译，“中文心理”要求翻译者根据中文的表达习惯，找到中文中与原作意思表达一致的句子。

3.美

美是相对于译文的审美性与艺术性而言的，美是吸引读者阅读的重要因素。关于译文的美，不同学者有不同的见解。比如，林语堂认为译文的美主要体现在五个方面，即音美、意美、神美、气美以及形美；鲁迅认为译文的美主要包括三点，即意美、音美和形美。

（四）文学翻译的标准和过程

1.文学翻译的标准

从整体上讲，文学翻译的标准主要有三个，即信、达、雅。其中，“信”是文学翻译的基本伦理，其内涵与文学翻译中的忠实原则基本一致；“达”是文学翻译的必要条件，主要包括两个方面的内容：一是语言通顺流畅；二是内容易于译入语读者接受；“雅”是翻译者的主体选择，即翻译者在尊重原作内容的基础上，可以对隐藏于句子中的深意进行适度的挖掘，从而使原作的艺术世界得到更好的开掘。

2.文学翻译的过程

文学翻译的过程主要包括四个方面的内容，分别是：翻译文本的选择、文学文本的解读、文学译本的创造以及译本的修改和出版。

(1)翻译文本的选择

翻译文本的选择主要受三方面因素的影响：第一，市场的反应与需要；

第二，原作自身的知名度、阅读价值等；第三，文化、意识形态、政治因素等。

(2)文学文本的解读

在确定好要翻译的文学文本之后，文学翻译者就要开始对文学文本进行解读了。翻译者对文学文本的解读主要包括两个方面的内容：一方面，翻译者要对原作进行反复阅读和精细推敲，力争在一定程度上理解作者的创作愿意；另一方面，翻译者还要在尊重原作内蕴的基础上，依据自己对文本的理解，用译入语进行适度的再创作。

(3)文学译本的创造

在进行文学译本创作时，首先需要明确的是，文学翻译的过程并不是简单地将一种语言表达转换为另一种语言表达的过程，而是一个需要对原作进行适度创造的过程。而且文学译本创造的过程是比较复杂的，是受多方面因素影响的，具体来说，主要表现为三点：第一，原作的表达语言与译入语分属于两种不同的语言，所以，翻译者在具体的翻译实践中，不仅要顾虑原作中语言结构的完整表达，而且要考虑如何使用译入语才能将原作中的语言艺术更好地呈现出来；第二，在当下文学翻译的规范下，翻译者所翻译文本的被接受程度，以及违背规范可能付出的代价；第三，翻译者对自己以及自己在翻译中的定位，如何才能使自己的翻译创作与翻译规范更加和谐。

(4)译本的修改和出版

当译者完成翻译的时，并不意味着译本的最终完成，因为还需要经过出版社的反复阅读与修订环节。在某种程度上甚至可以说，这一环节决定着译本的最终效果与面貌。因为参与出版社修订的人不是翻译者本人，在修订过程中遇到问题他们也不会去比照原文，所以最终出版的作品是翻译规范下的产物。

此外，由于受主流意识、文化观念、政治形态等因素的影响，进入出版社的译作会面临删减与改编等诸多问题，所以，最终出版的翻译作品可能与翻译原作有一定的出入。

二、文学视阈下英汉翻译的应用实践

(一)诗歌翻译

1.诗歌的语言特征

诗歌的语言特征主要包括四个方面的内容，分别是语言凝练、音韵和谐、节奏明快以及意象丰富。

(1)语言凝练

从某种程度上说,诗歌就是语言的结晶。诗人往往通过采用炼句、炼字等方式,将无穷的想象凝聚在有限的文字中,从而激发读者的思维与想象,吸引他们去探索并发现诗歌的魅力。

文坛中,有很多经典的诗歌作品都是经过无数次的字句锤炼得来的,诸如庞德的《地铁车站》:

The apparition of these faces in the crowd;
Petals on a wet, black bough.

人群中这些面孔幽灵一般显现;
湿漉漉的黑色枝条上的许多花瓣。
(杜运燮译)

这首《地铁车站》的第一稿有三十多行,庞德在经过多次锤炼之后,将其浓缩为两行,这为当时及之后的诗坛带来了诸多的启示。

(2)音韵和谐

相较于其他的文学形式,诗歌具有押韵的特点,这使得它的音韵非常和谐,读起来朗朗上口。诗歌的押韵主要是指在语流中,对相同的因素进行重复和组合,以形成共鸣与呼应的目的。例如 A.E.Housman 的 *On the Idle Hill of Summer*:

On the idle hill of summer,
Sleepy with the flow of streams,
Far I hear the steady drummer
Drumming like a noise in dreams.

Far and near and low and louder
On the roads of earth go by,
Dear to friends and food for powder,
Soldiers marching all to die.

诗句基本上都为四步抑扬格,节奏是非常明快的;每节诗中,单行之间、双行之间都是押韵的,音韵谐美,读起来朗朗上口。

(3)节奏明快

诗歌是一种讲究节奏的文学形式,诗歌的节奏体现在有规律的音节停顿和音调的抑扬变化上。

英语诗歌中的格律诗与无韵诗都具有节奏明快的特点。尤其是格律诗，其节奏感非常的强。格律诗可分为若干诗节，每一诗节又可分为若干诗行，诗行又可分为不同的音步。格律诗中常见的音步有四种，分别是抑扬格、扬抑格、扬抑抑格、抑抑扬格；每一诗行的音步又可分为八种，分别是单音步、双音步、三音步、四音步、五音步、六音步、七音步、八音步。例如 Alfred Tennyson 的 *Crossing the Bar*：

Sunset and evening star,
And one clear call for me!
And may there be no moaning of the bar,
When I put out to sea.

But such a tide as moving seems asleep,
Too full for sound and foam,
When that which drew from out the boundless deep
Turns again home.

全诗采用的是抑扬格，节奏轻快，诗人将自己的主观感情同客观物象的审美有机地融合在一起，极大地增强了诗歌的感染力。

(4)意象丰富

所谓意象，指的主要是能引起人的感官反应的具体形象与画面。从心理学角度来讲，意象主要包括七种：听觉意象、视觉意象、嗅觉意象、味觉意象、触觉意象、动觉意象以及联想意象。

通常来说，越是优秀的诗歌，其中所含的意象越丰富，也越独特。以西尔维亚·普拉斯(Sylvia Plath)的 *Daddy* 为例：

You do not do, you do not do
Any more, black shoe
In which I have lived like a foot
For thirty years, poor and white
Barely daring to breathe or Achoo

西尔维亚·普拉斯在诗中，将父亲比作“黑色的鞋子”，将自己比作“鞋中的脚”，意象独特，将诗人的感受与体验生动地体现了出来。

2.诗歌的翻译方法

诗歌的翻译方法主要三种，即模仿性翻译法、形式性翻译法和调整性翻译法。

(1)模仿性翻译法

所谓模仿性翻译，主要是指翻译者在原诗的形式或思想基础上，使用译入语对原诗进行第二度的创造。以爱德华·菲茨杰拉德翻译的《鲁拜集》中的一节为例：

The boll no question makes of Ayes and Noes,
But Here or There as strikes the Player goes;
And He that toss'd you down into the Field,
He knows about it all—He knows—HE KNOWS!

这节诗中所呈现的足球运动在原诗中是没有，原诗中呈现的是一种马球游戏，而爱德华·菲茨杰拉德在翻译过程中，根据需要将原诗的意象进行了转化。同样是这首诗，黄克孙在翻译时，将马球游戏转化为围棋意象：

眼看乾坤一局棋，
满枰黑白子离离。
铿然一子成何劫，
惟有苍苍妙手知。

从上面的翻译中不难看出，译文在形式与意象方面与原诗是有一定差距的，但它们的神韵与原诗又是大致相同的，像这种翻译方法就是模仿性翻译法。

(2)形式性翻译法

形式翻译法要求翻译者在文学翻译的过程中，尽可能用与原诗相同或相近的形式进行翻译，这样能够在很大程度上保留原诗的韵味。以乔治·威瑟(George Wither)的 *Farewell，Sweet Grove* 为例。

Farewell，Sweet grove to you；You hill，that highest dwell，And all you humblevales，a dieu You wanton brooks and solitsry rocks，My dear companions all，and you，my render flocks！Farewell，my pipe，and all those p；easing songs，whose moving strains。Delighted once the fairest nymphs that dance uponthe plains；Have，wlthout pity，broke the truest heart；That erst did with me dwell，And all others joy。Farewell！

译文：

哦再见，可爱的林木，高高耸立的山峦；再见吧一切低幽山谷，凄清山岩，蜿蜒曲折的溪流，我的温驯羊群和所有亲密朋友！再见吧我的芦苇，我的美妙动人的乐曲，它们曾使舞在田间的绝色女郎欢愉；不满足呀你的打击最重最致命，无情地碾碎最最真挚的心；可我要对别人的得意，终日伴我的悲叹、眼泪和愁绪说再见。

在本例中，译者采用了与原诗相同的形式来翻译诗歌，从而使译文与原诗在形式、意象等方面原诗相对应。需要注意的是，由于不同语言之间的差别较大，译者在翻译时为了形式上的完全对应，会对原诗的内容进行一定的改动，这会对原诗艺术境界的呈现造成一定的影响，因此，形式性翻译法在翻译实践中较少使用。

(3)调整性翻译法

调整性翻译法，主要是指为了更好地将原诗的艺术韵味、审美价值等展现出来，且使译文符合译入语的表达习惯，翻译者在理解与把握原诗内蕴的基础上，对原诗的结构进行适当调整，然后再译的翻译方法。以罗伯特·彭斯(Robert Burns)的 *A Red，Red Rose* 为例：

A Red，Red Rose
O，my luve's like a red，red rose，
That's newly sprung in June；
O，my luve's like the melodie
That's sweetly played in tune.

As fair art thou，my bonnie lass，
So deep in luve am I，
And I will luve thee still，my dear，
Till a' the seas gang dry.

Till a' the seas gang dry，my dear，
And the rocks melt wi' the sun！
And I will luve thee still，my dear，
While the sands o' life shall run.
And fare—thee—weel，my only luve
And fare—thee—weel，a while！
And I will come again，my luve
Tho' it were ten thousand mile

注：①luve 苏格兰方言，同 love；②melodie 来自法语，译为歌曲；③bonnie苏格兰方言，美丽的；④a'同 all；⑤wi'同 with；⑥o'同 of；⑦thee

古英语,译为你;⑧weel 苏格兰方言,同 well;⑨Tho' 同 though。

郭沫若译文:

红玫瑰

吾爱吾爱玫瑰红,
六月初开韵晓风。
吾爱吾爱如管弦。
其声修扬而玲珑。
吾爱吾爱美而殊,
我心爱你永不渝,
我心爱你永不渝,
直到四海海水枯;
直到四海海水枯,
岩石融化变成泥,
只要我还有口气,
我心爱你水不渝
暂时告别我心肝,
请你不要把心担!
纵使相隔十万里,
踏穿地皮也要还!

为了更好地传递原诗的内容,郭沫若在翻译的过程中,对原诗的结构进行了一定的调整,这不仅无碍于原诗内蕴的传达,而且提高了原诗的艺术韵味与审美表现。

(二)小说翻译

1.小说的语言特征

小说的语言特征主要体现在以下几个方面:形象与象征、讽刺与幽默、叙述视角多元化。

(1)形象与象征

形象与象征是小说作者表情达意常用的艺术手法。就小说语言而言,形象主要是指作者用生动、具体的语言来描述一些场景、人物、事件等,给读者营造一种的真实的氛围,使他们有身临其境之感;象征主要体现为作者用启发、暗示等方法来激发读者的想象,从而使读者从有限的小说语言表达中,体会到无限的言外之意。

(2)讽刺与幽默

讽刺与幽默不仅是小说作者思想表达惯用的重要技巧之一,而且是小说内部语言的重要特征。小说语言的讽刺与幽默对小说整体艺术效果的呈现具有重要的意义,具体来说,讽刺对小说的道德、伦理等的教育意义具有强化作用,幽默对小说趣味性的增强有重要意义。小说语言的讽刺与幽默效果的表现形式有很多,通常来说,要通过语气、语义、句法等形式呈现出来。

(3)叙述视角多元化

所谓叙述视角,主要指的是叙述语言中对故事内容进行观察、讲述的特定角度,简单地说,就是作者是以什么角度来讲故事的。小说的叙述视角是多元化的,叙述视角主要包括四种:第一人称叙述、第二人称叙述、第三人称叙述和交换视角叙述。

2.小说的翻译方法

小说中常用的翻译方法主要有三种,分别是人物性格的传译、风格的传译和语境的传译。

(1)人物性格的传译

人物性格的刻画是小说创作的重要内容之一。因此,翻译者在小说翻译的过程中,要通过选词造句,找到恰当的表达方式,将人物的性格展现出来,最终使读者通过阅读译文,也能对人物形成深刻的印象,并获得与原文相同的效果。

(2)风格的传译

小说的风格主要是通过小说的语言、主题、人物形象等体现出来,且不同的小说有不同的风格,翻译者在进行小说翻译时,要通过多种途径将原小说的风格准确、完整地呈现给读者。具体来说,要想准确、完整地再现原小说的风格,翻译者需要从三个方面着手:第一,了解作者的创作意图;第二,把握作者的创作个性;第三,了解作者的世界观及创作情况。

(3)语境的传译

所谓语境,简单来说就是语言环境,它是语言交际的具体场合。小说中的语境基本上都是由特定语言所创设的,因此翻译起来要比普通的语义传译更加困难。语境的传译,要求翻译者在进行小说翻译时,将小说的总体语境与个别语境区别开来,然后通过准确的选词造句,选用恰当的表达方式,把原小说的语境完整地呈现在读者面前。

（三）散文翻译

1.散文的语言特征

散文的语言特征主要有三个，分别是简练、畅达，节奏整齐、顺畅，口语化、文才华。

（1）简练、畅达

简练主要体现在散文语言的精练与简要上，它要求作者用精练与简要的语言将叙述主体呈现在读者面前，同时传达出自己的情感与态度。

散文语言的畅达主要体现在两个方面：第一，作者在措辞用语上能够挥洒自如；第二，作者行文中情感的表达无拘无束，而又能保证形散神不散。

（2）节奏整齐、顺畅

散文语言节奏的整齐主要有两个方面的体现：一方面，散文语言的声调与抑扬分配合理；另一方面，散文句式整散交错，搭配合理。而散文语言的这种整齐的节奏，又会使读者在阅读时感到非常顺畅。

（3）口语化、文采化

散文的口语化主要是指作者要以日常的语言写散文，力求散文自然朴实、平易近人，给人一种亲切如闲谈的感觉。散文的口语化并不意味着其不讲文采，或者失却了文采，而是要求作者在行文中运用口语化的语言，呈现"至巧近拙"的风采。

2.散文的翻译方法

散文中常用的翻译方法主要有四种，即把握风格、注重意境的重现、重视文化因素以及注意情感的表达。

（1）把握风格

把握风格即要求翻译者在散文翻译的过程中，要在准确把握作者写作风格以及原文语言风格的基础上进行翻译。如果忽略了这些因素，不仅不能给读者呈现原作者的文笔风格，而且会使读者无法体会原作字里行间的情感与内蕴。

（2）注重意境的重现

散文创作的重要目的之一，就是通过创造一定的意境，给阅读者带来相应的生命思考和美的享受，因此翻译者在散文翻译的过程中，要注重对原文意境的重现。具体来说，翻译者在翻译时，不用过于拘泥于句子的完全对照，应当在尊重原文意思的基础上收放自如，用优美、流畅的语言将原文中所营造的意境完整地呈现给阅读者。

(3)重视文化因素

由于不同的文化之间存在较大的差异,所以翻译者在散文翻译的过程中要重视文化因素。具体来说,翻译者应在准确把握原文内容、意义、形式等的基础上,尽力消除原文与译文在文化上的隔阂,从而在文化的鸿沟上为阅读者架起一座利于沟通的桥梁。比如,徐迟在翻译美国作家亨利·戴维·梭罗所创作的《瓦尔登湖》时,里边出现了"whip-poor-will"一词,其本意是指北美蚊母鸟,但我国没有这种鸟,考虑到可能会给阅读者带来一定的麻烦,徐迟根据它的生理、物理等特性,将"whip-poor-will"译为"夜鹰",这较好地解决了文化因素所带来的阅读问题。

(4)注意情感的表达

注重情感的表达,即要求翻译者在散文翻译的过程中,做到对原文情感的对等翻译。而为了达到这一目的,翻译者可以采用移情的方法,在采用这一方法的时候,翻译者需要注意以下三点:第一,了解原文的写作背景、揣摩作者的思想情感;第二,将自己置于与原作者同等的情感地位中,充分感受、体会作者的思想情感;第三,必要时,翻译者要在译文中注入自己的感情,以使原文中的思想情感能得到更好的呈现。

(四)戏剧翻译

1.戏剧的语言特征

戏剧的语言特征主要包括六个方面的内容:通俗化、性格化、节奏性、动作性、夸张性、修辞性。

(1)通俗化

因为戏剧会受到时空等各种因素的影响,因此要在有限的设备与条件的支持下,将戏剧丰富的思想内涵、生动的人物形象展现出来,就需要借助通俗、简练的语言。因为只有这样才能使观众更好地理解剧情等戏剧内容,才能更好地将戏剧的艺术魅力与价值呈现出来。

(2)性格化

性格化要求戏剧的语言需符合人物的个性特征,因为个性化的语言不仅能够很好地将人物的性格、爱好、教养、情趣等展现出来,而且能够将人物在特定环境下的心理状态揭示出来。比如:

黄胖子:哥儿们,都瞧我啦!我请安了!都是自己弟兄,别伤了和气呀!(老舍《茶馆》)

Tubby Huang: Now, now, folks, for my sake, please. I'm here greeting you all! We're all brothers, aren't we? Let's have none of them bad feelings.

（英若诚 译）

黄胖子是剧中的流氓头子，译文用一连串口语化的、流畅的小短句，将黄胖子的流氓性格与惺惺作态之姿展现得淋漓尽致。

（3）节奏性

所谓戏剧的节奏性，指的主要是角色在对话时自然的语言停顿，相当于音乐上的节拍，声音具有一定高低起伏和时间停顿。[①] 戏剧语言的节奏性，不仅能够使戏剧演员在对白时朗朗上口，而且能够将观众带入故事情节中，打动观众。

（4）动作性

从本质上说，戏剧是一门表演性的艺术，要把剧本中的语言转换成舞台上的具体行动，而且要使观众从戏剧演员的语言中感受到甚至是看到动作的存在，所以戏剧语言具有动作性。

（5）夸张性

戏剧语言的夸张性主要体现在语言的张力上。相较于影视的后期播放，戏剧多是现场的及时表演，因此为了更好地塑造人物、推动故事情节的发展，就需要语言的夸张性或张力性。需要注意的是，这里讲的夸张性或张力性只要是指语言上的澎湃气势，比如对白时高亢激昂等。

（6）修辞性

戏剧是一门语言的艺术，主要靠语言来吸引观众。因此，剧作家在创作时，会采用各种各样的修辞方法，来提高语言的艺术韵味、感染力等，从而牢牢抓住观众的眼球。此外，戏剧常以揭示生活现状、探索人类命运等为主旨，这就需要用修辞性的语言来将哲理性的寓意呈现出来。剧作家在创作戏剧时用到的修辞方法有很多，常见的有双关、夸张、叠音、反语等。

2.戏剧的翻译方法

戏剧中常用的翻译方法有四种，分别是忠实传递原文内涵、灵活处理文化词汇、保障译文的可表演性、灵活运用释意法。

（1）忠实传递原文内涵

忠实传递原文内涵，即要求翻译者在进行戏剧翻译时，要遵循忠实性原则，不能脱离原作，要准确地将原作中的源语信息传达给观众。比如：

Yank: oils waitin' for you, huh? Aw. hell! Dat's all tripe. Dey don't

---

① 刘肖岩.论戏剧对白翻译[M].北京：中国人民公安大学出版社，2004:45.

wait for no one. Dey'd double-cross yuh for a nickel Dey're all tarts, Get me? Treat'em rough. dat's me. To hell wit'em. Tarts, dat's what, de whole bunch of'em.

(Eugene O'Neil: The Hairy Ape)

译文：

扬克：姑娘们等着你，咳？噢，见鬼！那全是胡说八道。她们谁也不等。她们为了一个五分镍币就会出卖你。她们全都是婊子，懂得我的意思吗？对待她们要狠狠的，我就是那么干的。见她们的鬼去。婊子，就是那么回事，她们全都是那号的。

主人公杨克是一个出身卑贱的邮船锅炉工，没有接受过任何上层的教育，因此他的对白中总是带有各种粗俗、污秽的言语，这与他的身份、性格相符合。翻译者在翻译时要理解这一点，更要尊重这一点，切不可因为话语粗俗而随意改动。

(2)灵活处理文化词汇

不同文化之间的差异是比较明显的，这给戏剧翻译造成了一定的困难，因此，在戏剧翻译的过程中，翻译者要灵活处理具有文化色彩的词汇，找出译入语中能够代替或最大限度地接近这一词汇的词语或句子。比如：

常四爷：我也得罪了他？我今天出门没挑好日子！

(老舍《茶馆》)

Chang: Offended him? This is my unlucky day!

(英若诚 译)

"出门挑日子"是我国民间文化中一句俗语，即渴求出门诸事顺利。"出门没挑日子"也就是出门不顺的意思。英若诚在翻译时将"出门没挑日子"译为"unlucky day"，虽然欠缺一定的文化内涵，但从整体来说符合语境，能够将作者所要表达的意思传达出来。

(3)保障译文的可表演性

相较于其他的文学翻译活动，戏剧翻译具有更高的难度，因为戏剧翻译不仅要给读者提供可阅读的剧本，而且还要为舞台表演服务。因此，翻译者在进行戏剧翻译的过程中，不仅要考虑呈现给读者的静态剧本，更要考虑剧本潜在的"动态表演性"，保障译文的可表演性。

(4)灵活运用释意法

灵活运用释意法指的是翻译者在戏剧翻译的过程中，要根据汉语的表达习惯，尽量使用易于读者接受的汉语文化进行解释。这样不仅能够使观

众更好地理解剧本,而且能够使译文的艺术效果得到最佳的呈现。比如:

Well,in that hit you miss:she'll not be hit
With Cupid's arrow,she hath Dian's wit;
And in strong proof of chastity well arm'd,
From Love's weak childish bow she lives uncharn'd.
(William Shakespeare*Romeo and Juliet*)

你这一箭就射岔了。
丘匹德的金箭不能射中她的心;
她有狄安娜女神的圣洁,
不让爱情软弱的弓矢损害她的
坚不可破的贞操。
(朱生豪 译)

不,这一下你恰恰猜错。
爱情的箭射不中她的心,
她有神仙一样的聪明,
她把贞洁当作盔甲,
爱情的小弓伤不了她一丝毫发。
(曹禺 译)

朱生豪在翻译时,将“Cupid”翻译为“丘匹德”,将“Dian”翻译为“狄安娜”,对于知识分子而言,这样的翻译并不妨碍他们的理解,但对于普通民众来说,在理解上就会有一定的难度。而曹禺则通过运用释意法,将“Cupid”与“Dian”分别译为“爱情的箭”和“神仙”,这不仅有助于大众的理解,而且对戏剧效果的表达具有巨大的助益。

第五章　文学视阈下的中西文化对比教学

中西文化对比教学能够在一定程度上加深学生对汉语文化与英语文化的理解。本章主要探讨文学视阈下的习语与典故文化对比教学、色彩与数字文化对比教学、饮食与节日文化对比教学、动物与植物文化对比教学以及人名与地名文化对比教学。

第一节　文学视阈下的习语、典故文化对比教学

一、文学视阈下英汉习语文化对比教学

(一)英汉习语分类对比

根据不同的标准,可以将英汉习语分为不同的类别。具体来说,英汉习语皆可按定义来进行分类,此外,英语习语还常按词性分类,而汉语习语常按音节数或结构来分类。

1.按定义分类

按照定义的不同,可将英汉习语分为成语、俗语、谚语、俚语。

(1)成语

所谓成语,主要指的是人们在长期的社会生活实践和认识过程中总结出来的语言结晶。成语的结构一般比较固定,不可随意改动。

英语成语的构成非常灵活,具有长短不一的特点,如:

Love me,love my dog(爱屋及乌)

The early bird catches the worm(笨鸟先飞)

Seeing is believing(百闻不如一见)

as light as a feather(轻如鸿毛)

burn one's figures(自作自受)

相较于英语成语,汉语成语的构成较为固定,主要以"四字格"为主,也有三字成语、五字成语、六字成语、七字成语、八字成语、九字成语、十字成语、十二字成语、十四字成语等。

四字成语,如欢天喜地、风尘仆仆、天方夜谭、众口难调等。

三字成语,如东道主、门外汉、白日梦、保护伞等。

五字成语,如人心隔肚皮、快刀斩乱麻、病急乱投医等。

六字成语,如百思不得其解、风马牛不相及、前言不搭后语等。

七字成语,如冒天下之不韪、牵一发而动全身等。

八字成语,如千里之行,始于足下等。

九字成语,如司马昭之心,路人皆知等。

十字成语,如工欲善其事,必先利其器等。

十二字成语,如只许州官放火,不许百姓点灯等。

十四字成语,如勿以善小而不为,勿以恶小而为之等。

(2)俗语

所谓俗语,主要指的是借助某种比喻来说明某种道理的习语。俗语比较通俗易懂,在英汉语言中常以口语的形式出现。

英语中常见的俗语:

sugar—coated bullets(糖衣炮弹)

rob Peter to pay Paul(拆东墙补西墙)

to show one's cards(摊牌)

the friendship between gentlemen is as pure as crystal(君子之交淡如水)

汉语中常见的俗语:

不是省油的灯

苍蝇不叮无缝蛋

大海里捞针

胳膊拧不过大腿

(3)谚语

所谓谚语主要是指广泛流传于民间的言简意赅的固定语句。谚语具有通俗易懂、形象生动的特点,常以简单的语句反映出深刻的道理或哲理。

英语中常见的谚语：

He that climbs high falls heavily(爬得越高，摔得越重)

No cross, no crown(不经历风雨，怎么见彩虹)

A good medicine tastes bitter(良药苦口，忠言逆耳)

Adversity makes a man wise, not rich(逆境出人才)

汉语中常见的谚语：

今冬麦盖三层被，来年枕着馒头睡。

天上钩钩云，地下水淋淋。

笑一笑，十年少；愁一愁，白了头。

刀不磨要生锈，人不学要落后。

(4)俚语

所谓俚语，主要指的是人们在日常生活中总结出来的具有地方色彩的习语。俚语的地域性较强，通常用在非正式的交际场合。

英语中常见的俚语：

joy ride(兜风)

flip out(乐死了)

flop(表演、电影等)(不卖座，失败)

Cool(酷，棒极了)

汉语中常见的俚语：

撒丫子、拉倒、埋汰、开瓢儿等。

2.按词性、音节数或结构分类

英语习语常按词性分类，而汉语习语常按音节数或结构来分类。

(1)英语习语分类

按词性的不同，可以将英语习语分为名词性习语、动词性习语、形容词性习语、副词性习语，具体内容如表 5-1 所示。

表 5-1　英语习语分类

分类	形式	举例
名词性习语	名词＋名词 名词＋介词＋名词 名词＋and＋名词 名词/专有名词＋'s＋名词 形容词＋名词	Sheet anchor(最后的靠山)； A fly in the ointment(美中不足之处)； ups and downs(盛衰，浮沉)； cat's paw(被人利用的人)； Fond dream(黄粱美梦)
动词性习语	动词＋介词 动词＋副词 动词＋副词＋介词短语 动词＋名词 动词＋名词＋介词 动词＋形容词	go on(继续加油)； put it on(穿上)； come back to earth(脚踏实地)； follow the sea(做海员)； pick holes in(挑刺)； fall flat(完败)
形容词性习语	形容词＋and＋形容词 形容词＋名词 形容词＋介词短语 as＋形容词＋as＋名词	free and easy(随便)； beyond the pale(丢脸)； up in the air(愤怒)； as cool as a cucumber(泰然自若)
副词性习语	名词＋and＋名词 介词＋名词 介词＋名词＋and＋名词	Heart and soul(全心全意)； By the way(顺便)； Between the devil and the deep blue sea(进退维谷)

(2)汉语习语分类

按音节数目的多少，汉语习语可以分为四音节习语和非四音节习语。其中，四音节习语同上文所述的四字成语，非四音节习语的内容如表 5-2 所示。

表 5-2　非四音节习语

非四音节习语	举例
三字习语	忘年交、开场白
五字习语	功到自然成
六字习语	反其道而行之
八字习语	知其不可为而为之
九字习语	不以规矩不能成方圆

续表

非四音节习语	举例
三言对句	满招损，谦受益
四言对句	生于忧患，死于安乐
五言对句	海内存知己，天涯若比邻
六言对句	即以其人之道，还治其人之身
七言对句	先天下之忧而忧，后天下之乐而乐
不规则对句	民不畏死，奈何以死惧之

按结构搭配关系可将汉语习语分为平行关系习语和修饰关系习语。其中，平行关系习语主要包括并列、承接、因果、目的等关系习语；修饰关系习语主要包括主谓、动宾、偏正、述补等关系习语。例如：

并列关系习语：天昏地暗、大呼小叫等。

承接关系习语：马到成功、瓜熟蒂落等。

因果关系习语：因小失大、唇亡齿寒等。

目的关系习语：掩耳盗铃、杀鸡儆猴等。

主谓关系习语：老王卖瓜、精神焕发等。

动宾关系习语：移风易俗、厚古薄今等。

偏正关系习语：后起之秀、庞然大物等。

述补关系习语：应运而生、拒之门外等。

（二）英汉习语结构形式对比

1.英语习语的结构形式

英语习语的结构形式没有固定的形式，比较灵活，长可一句话，短则一两个单词。例如：

When the God closes a door in front of you, he will open one more window beside you.

当上帝在你面前关上门时，他会再为你打开一扇窗。

time flies 光阴似箭

2.汉语习语的结构形式

汉语习语的结构整体上呈现简练、紧凑的特点，且大多数为词组性短语。从字数方面来讲，汉语习语多为两个字、三个字或四个字的结构形式。

也有少部分字数较多的对偶性短句，如踏破铁鞋无觅处，得来全不费工夫等。

(三)英汉习语引申义对比

1.基本义与引申义完全相同

所谓基本义与引申义完全相同，主要是指由于事物本身属性的一致性，英汉文化中对某些相同事物现象的认识能力大体相同，因而其文化引申义存在重合现象。这种重合现象或说共性，也是不同民族对自身以及外部世界的共识。在习语中的具体体现是相同的文化意蕴。例如：

Snow foretells a bumper harvest.

瑞雪兆丰年。

Strike while the iron hot.

趁热打铁。

Add fuel to the flame.

火上浇油。

从上面的叙述中能够发现，英汉两种语言虽然属于不同的语系，但从整体上说，它们中有一部分习语在形式和文化内涵方面是具有相通性的，基本义和引申义也是完全相同的。这也在一定程度上反映了人类文化思维存在广泛的共性。

2.基本义与引申义部分相同

英汉语言中的共通性主要是建立在这两种语言相通性基础上的，但是由于历史、文化等背景的不同，使得英汉习语的基本义与引申义只是部分相同。比如，在汉语中，“红”具有喜庆、胜利、幸福等内涵，有很多与“红”相关的习语也表达了这些含义，如开门红、满堂红、红红火火等。而在英语中，“红”表达以上含义的只占一小部分，如 red-carpet(红地毯)、red-letter day(喜庆的日子)等；“红”还有相当一部分内涵是和汉语中“红”的意义不相干，甚至是相反的，如 red alert(紧急警报)、see red(火冒三丈)、get into red(发生亏损)、a red-light district(花街柳巷)等。

3.基本义与引申义完全相反

因为中西方民族在思维方式、价值取向等方面存在较大的差异，所以英汉习语中也存在基本义与引申义完全相反的情况。这种完全相反的情况在很多与颜色相关的习语(上文已述)、动物习语中都有体现。以“蟋蟀/cricket”为例：

在汉语文化中，蟋蟀含有凄伤、萧索之意。在我国古代，有很多的诗人常借蟋蟀来营造凄凉、寂寞的氛围，表达自己的伤感之意。如“蟋蟀暮啾啾，光阴不少留”。(白居易《新秋夜雨》)、“蟋蟀在堂，岁聿其莫。今我不乐，日月其除”。(《国风·唐风·蟋蟀》)、“独申旦而不寐兮，哀蟋蟀之宵征”。(宋玉《九辩》)。

而在英语文化中，蟋蟀/cricket 则完全没有凄凉、伤感之类的意思，相反它往往被用在表达欢乐的语境中，例如“as merry as a cricket(非常快乐)”(莎士比亚《亨利四世》)。

(四)英汉习语来源对比

1.英语习语的来源

英语习语的来源主要有五个，即历史事件、神话传说、文学作品、社会习俗、动物特征以及人体器官。

(1)历史事件

英语中来自历史事件的习语通常与战争有关。比如，16—17 世纪，为了争夺海上霸主地位，英国与荷兰进行过三次大战，英国人民对荷兰积怨颇深，于是英语习语中有很多贬低荷兰(Dutch)的语句，如：

Dutch auction(不成体统的拍卖)

Dutch concert(乱七八糟的合唱)

Dutch bargain(唯利是图)

Beat the Dutch(让人伤脑筋)

(2)神话传说

英语中来自神话传说的习语大多与古希腊、古罗马神话故事相关。如 Scylla 与 Charybdis 都是希腊神话中的女妖，她们常常谋害人类、威胁过往的船只，是邪恶的象征；同时 Scylla 与 Charybdis 又是地名，Scylla 是墨西拿海峡上的大岩礁，Charybdis 则是 Scylla 对面的大漩涡。于是，“One falls into Scylla in seeking to avoid Charybdis”.就表示“为避虎穴，落入狼窝”。

(3)文学作品

英语中有很多习语与文学作品有关，如表 5-3 所示。

表 5-3 文学作品中的习语与释义

习语	文学作品	作者	释义
one pound of flesh	《威尼斯商人》	莎士比亚	割肉还债,残酷榨取
green-eyed monster	《奥赛罗》	莎士比亚	嫉妒之心
man Friday	《鲁宾逊漂流记》	笛福	忠实的仆人
Catch 22	《第 22 条军规》	海勒	无法摆脱的困境
as busy as a bee	《商人的故事》	乔叟	忙碌至极

(4)社会习俗

英语中与社会习俗相关的习语主要来源于四个方面,即源于姓氏习俗、源于称谓习俗、源于称赞习俗与源于拜访习俗。

①英语中源于姓氏习俗的习语,如:

All work and no play makes Jack a dull boy.

只会用功不会相关玩耍,再聪明的孩子也要变傻。

②英语中源于称谓习俗的习语,如:

Uncle Tom.

听命于白人且逆来顺受的黑人。

③英语中源于称赞习俗的习语,如:

Blow one's own horn.

自我吹嘘,自吹自擂。

④英语中源于拜访习俗的习语,如:

Take French leave.

不辞而别,擅自缺席

(5)动物特征

英语中还有很多习语源自于动物特征。

比如,由狼因饥饿而残忍这一特征衍生出的习语:

Keep the wolf from the door.

勉强度日。

To have a wolf in the stomach.

极度饥饿。

由鸟类对天气变化感应敏感的特征衍生出来的习语:

Swallows fly low and drizzle slightly.

燕子低飞,细雨微微。

When the rain falls, it will not clear up.

鹁鸪叫声声，雨落不肯晴。

Magpie bathes with its wings, which will change in three days.

喜鹊洗澡翅沾沾，三日之内会变天。

(6)人体器官

英语中的习语还有一部分源自人体器官，例如：

The tongue isn't steel, yet it cuts.

舌非刀剑，但能伤人。

A cold hand and a warm heart.

手冷心肠热。

Better be the head of an ass than the tail of a horse.

宁为鸡首，毋为牛后。

Beauty is in the eye of the gazer.

情人眼里出西施。

2.汉语习语的来源

汉语中习语的来源主要六个，分别是历史事件、佛家思想、社会现实、生活方式、神话故事、伦理道德和具体内容如表 5-4 所示。

表 5-4 汉语习语的来源

来源	举例
历史事件	身在曹营心在汉； 三个臭皮匠顶个诸葛亮； 成也萧何，败也萧何
佛家思想	苦海无边，回头是岸； 放下屠刀，立地成佛； 不看僧面看佛面
社会现实	苛政猛于虎； 只许州官放火，不许百姓点灯
生活方式	头伏萝卜二伏芥，三伏里头种白菜； 冬吃萝卜夏吃姜，不用医生开药方； 日出而作，日入而息
神话故事	愚公移山； 夸父逐日； 嫦娥奔月

续表

来源	举例
伦理道德	不孝有三，无后为大； 天下兴亡，匹夫有责

二、文学视阈下英汉典故文化对比教学

（一）英汉典故的结构对比

1.英语典故的结构

英语典故的结构主要有三种。

第一，由一个词构成，诸如 Eden（伊甸园）、Goliath（巨人）、Scapegoat（替罪羊）等。

第二，由若干词构成，诸如 good Samaritan（乐善好施者）、Pandora's box（潘朵拉的盒子）、the sword of Damocles（达摩克利斯之剑）、an apple of discord（祸根）等。

第三，由句子构成，如 Some men are born great, some achieve greatness, and some have greatness thrust upon them.（有的人是生来的富贵，有的人是挣来的富贵，有的人是送上来的富贵）。

2.汉语典故的结构

汉语典故的结构有三种：一是以词组性短语形式存在，如神农尝百草等；二是以成语的形式存在，如得陇望蜀、破釜沉舟等；三是以古诗句的形式存在，如庄生晓梦迷蝴蝶，望帝春心托杜鹃等。

（二）英汉典故设喻方式对比

在设喻方式上，英汉典故之间存在很大的相通性，这种相通性主要表现在四个方面，即以人物设喻、以动植物设喻、以地名设喻以及以事件设喻。

1.以人物设喻

所谓以人物设喻，指的主要是以特定时间或故事所涉及的人为喻体，来完成对某种寓意的传达。例如，英语中的“a Herculean task”（赫拉克勒斯

的任务)喻指任务的艰难,“Shylock”(夏洛克)喻指吝啬小气又歹毒的人;汉语中的“孟母三迁”喻指环境对儿童教育的重要性,“姜太公钓鱼”喻指心甘情愿。

2.以动植物设喻

所谓以动植物设喻,主要是指以特定事件或故事所涉及的动植物为喻体,来完成对某中寓意的传达。例如,英语中的“scapegoat”(替罪羊)喻指背黑锅的人;汉语中的“狐死首丘”喻指对故国或家乡的思念,“鹬蚌相争”告诫人们做事要权衡得失,一味地相互牵制往往顾此失彼,让他人钻空子。

3.以地名设喻

所谓以地名设喻,指的主要是以特定时间或故事所涉及的地名为喻体,来完成对某中寓意的传达。例如,英语中的“meet one's Waterloo”(遭遇滑铁卢)喻指惨遭失败;汉语中的“东山再起”喻指失势之后又重新得势,“洛阳纸贵”比喻作品、著作等有价值,广为流传。

4.以事件设喻

所谓以事件设喻,指的主要是以特定事件或故事为喻体,来完成对某种寓意的传达。英语典故“the Last Supper”(最后的晚餐)喻指遭人出卖,“Achilles' heel”(阿喀琉斯之踵)喻指致命的弱点;汉语中的“负荆请罪”喻指认错赔罪,“刎颈之交”喻指可同生死、共患难的朋友。

(三)英汉典故来源对比

1.英语典故的来源

英语典故的来源主要包括五个方面的内容,即寓言故事、神话传说、历史事件、文学作品以及体育运动。

(1)寓言故事

英语中有许多典故来源于语言故事,例如:

Kill the goose that lays the golden eggs.

杀鸡取金蛋。

这一典故源自《伊索寓言》,喻指贪图眼前利益而不顾长远利益。

Cat's paw.

火中取栗。

这一典故源自拉·封丹的《猴子与猫》,比喻受人利用的人。

（2）神话传说

英语中还有一部分典故与神话传说有关。例如“the touch of Midas”，这一典故源自希腊神话，讲的是酒神 Bacchus 为回报国王 Midas 的盛情款待，赋予 Midas 可以将任何触碰到的东西变成金子的神力，刚开始 Midas 非常开心，可当他将食物、女儿都变成金子时，Midas 开始害怕起来，并央求酒神 Bacchus 将他的神力收回。后来，人们将“the touch of Midas”译为“点金术”。需要注意的是，这里的“点金术”只有本意而没有喻义，与汉语中的“点石成金”是两个完全不同的概念。

（3）历史事件

英语中也有一部分典故源自历史事件。例如，典故“Pyrrhic victory”（皮洛士的胜利），这一典故源自古希腊时期伊庇鲁斯国王皮洛士发动的两次战争，这两次战争虽然最终都取得了胜利，但都付出了巨大的代价。因此，“Pyrrhic victory”常被用来形容得不偿失的胜利。

（4）文学作品

文学作品也是英语典故的重要来源之一。例如：

Romeo（《罗密欧与朱丽叶》）喻指英俊、潇洒、多情的青年。

Cleopatra（《安东尼和克利奥帕格拉》）喻指绝代佳人。

Odyssey（《伊利亚特》）喻指艰难的历程。

（5）体育运动

在英语文化中，还有许多源自体育运动的典故。例如：“An armchair quarterback”（坐在扶手椅上的指挥者），“quarterback”本意为橄榄球赛指挥进攻的四分位，而在其前面加上“armchair”之后，则喻指空谈如何做，却未身体力行，也不用承担责任的局外人。

2.汉语典故的来源

汉语典故的来源主要包括五个方面的内容，即寓言故事、神话传说、历史故事、古典文献以及风俗习惯，具体内容如表 5-5。

表 5-5　汉语典故的来源

来源	举例
寓言故事	掩耳盗铃、刻舟求剑、叶公好龙等
神话传说	八仙过海、夸父逐日等
历史故事	图穷匕见等
古典文献	名落孙山、兔死狗烹等
风俗习惯	各人自扫门前雪等

第二节　文学视阈下的色彩、数字文化对比教学

色彩与数字是英汉语言中的重要组成部分。由于文化背景等的不同，使得色彩与数字在中西文化被赋予了不同的文化内涵，从而形成各具特色的色彩文化和数字文化。这就要求教师在英语教学活动中，重视对不同文化背景下的色彩与数字的分析与阐述。

一、文学视阈下英汉色彩文化对比教学

（一）“黑色”与 black 的文化内涵对比

1.“黑色”的文化内涵

在汉语中，“黑色”主要有两个方面的文化内涵：褒义和贬义。其中，“黑色”褒义的文化内涵为庄重、尊贵（如官员的服饰等）和公正、无私（戏剧中正面人物的脸谱）；其贬义的文化内涵为无助、厌恶（如乌鸦、猫头鹰等）和邪恶、反动（如黑势力等）。

2.black 的文化内涵

在英语中，black 有着丰富的内涵：第一，black 代表庄重、尊贵，这一点与汉语中黑色的褒义文化内涵同；第二，black 代表犯罪、不光彩等，如 a black leg（骗子）、black mail（敲诈勒索）；第三，black 代表没有希望。如 the future looked black（前景黯淡）；第四，black 代表悲伤、死亡等，如 in a black mood（情绪悲伤）。

（二）“红色”与 red 的文化内涵对比

1.“红色”的文化内涵

在我国传统文化中，“红色”是人们极为崇尚的颜色，其文化内涵也以积极意义为主：①象征顺利、成功等，如“红人”；②象征喜庆、吉祥等，如“红对联”；③象征美丽、漂亮等，如“红颜”；④象征健康、有生命力等，如“满面红

光”；⑤象征革命，如“红军”。当然，在汉语中，红色也有贬义的文化内涵，如嫉妒（眼红）、暴力（血腥）等。

2.red 的文化内涵

在西方文化中，red 的文化内涵以消极的意义为主：①表亏损、负债之意，如 red figure（赤子）；②表暴力、流血之意，如 a red battle（血战）；③表放荡、淫秽之意，如 a red light district（红灯区）；④表愤怒、羞愧之意，如 to see red（令人愤怒）、become red-faced（难为情）。red 的褒义内涵为尊贵、荣誉等，如英语国家举办国际会议时也会铺红毯（the red carpet）迎接来宾，以表尊敬、欢迎之意。

（三）“白色”与 white 的文化内涵对比

1.“白色”的文化内涵

在汉语文化中，“白色”的文化内涵是比较丰富的，既有正面的文化内涵，也有负面文化意蕴：①“白色”代表纯洁、素净，如“洁白”；②“白色”代表普通百姓，如“白衣”；③“白色”表失败之意，如“举白旗”；④“白色”表阴险奸诈，如“白脸谱”；⑤“白色”象征死亡，如“白事”。

2.white 的文化内涵

在西方文化中，white 也有两个方面的文化内涵，主要表现在以下两个方面：第一，积极的文化内涵，如幸运、吉日（a white day），纯洁、光明（white rose of innocence），清白、正直（a white man）；第二，消极的文化意蕴，如 white night（不眠之夜）、white flag（投降）。

（四）“绿色”与 green 的文化内涵对比

1.“绿色”的文化内涵

在汉语文化中，“绿色”的文化内涵主要包括三个方面的内容：第一，代表健康、无污染，如绿色食品、绿色能源；第二，象征生命和希望，如春天植物刚发的绿芽儿；第三，带贬义色彩，如“戴绿帽”。

2.green 的文化内涵

在英语文化中，green 的文化内涵主要包括四个方面的内容：第一，象征着青春和活力，如 in the green wood（青春期）；第二，表示缺乏经验，如 green hand（新手）；第三，代表金钱、钞票，如 green back（美钞）；第四表嫉妒之意，如 green-eyed monster（非常嫉妒）。

（五）"黄色"与 yellow 的文化内涵对比

1."黄色"的文化内涵

在汉语文化中，"黄色"主要有四个方面的文化内涵：第一，"黄色"象征稚嫩，如"黄口小儿"；第二，"黄色"象征皇权、尊贵，如"黄袍"；第三，"黄色"象征神灵，如"黄道吉日"；第四，"黄色"表淫秽、下流之意，如"黄色电影"。

2.yellow 的文化内涵

在西方文化中，yellow 有着极为丰富的文化内涵：①表示胆怯、懦弱，如 yellow dog（胆小鬼）；②表示警告、危险，如 yellow flag（黄色检疫旗）；③表示疾病或枯叶，如 yellow blight（黄热病）、yellow leaf（黄叶）；④表示色情、淫秽等，如 yellow journalism（黄色新闻）；⑤表示廉价、不值钱，如 yellow-covered（廉价无用的）；⑥表种族歧视之意，如 yellow badge（犹太星）；⑦表示竞技，如 yellow jersey（竞技奖品）；⑧表怀念、思慕之意，如英语文化中有戴"yellow ribbon"（黄丝带）来寄托对远方亲人的思念。

二、文学视阈下英汉数字文化对比教学

（一）"一"与 one 的文化内涵对比

在文化内涵方面，汉语文化中的"一"与英语文化中的 one 的含义具有共通性，这种共通性主要表现在三个方面：第一，都表示数字的开始、万物的本源；第二，都表示"同一"与"统一"；第三，都表示"少"。

（二）"二"与 two 的文化内涵对比

在汉语文化中，"二"的文化内涵主要包括三个方面的内容：第一，表成双成对之意，如二龙戏珠等；第二，与"双""两"内蕴相同，这主要体现在我国传统节日里，亲朋好友之间送礼多以双份礼为主；第三，表傻、不靠谱之意，如"这人真二"。

在英语文化中，two 的文化内涵主要有两个：从积极含义方面来讲，two

代表着人与神的结合，如：Two's company，three's none；从消极含义方面来讲，two 代表着厄运、死亡，如毕达哥拉斯将 two 视为恶魔的代名词。

（三）"三"与 three 的文化内涵对比

在汉语文化中，"三"是一个阳数，一直以来被人们视为一个吉祥的数字，三阳开泰、三生有幸等；在英语文化中，three 含有"开始、中间、结束"之意，是一个完美的数字，人们常以 three 为幸运数字，如：Number three is always fortunate。

（四）"四"与 four 的文化内涵对比

在汉语文化中，"四"主要有三个方面的文化内涵：第一，代表安定昌盛，如四海升平、四世同堂等；第二，表概括之意，如"四书""文房四宝"等；第三，代表死亡，这主要是因为与"死"同音。

在英语文化中，four 的文化内涵有两个：一是象征厄运，人们认为 four 是一个不吉利的数字，会带来厄运；二是表不体面、萎缩之意，如 the fourth 并不是指第四，而是指厕所。

（五）"五"与 five 的文化内涵对比

在汉语文化中，"五"是一个圣化数字，它是大宇宙和小宇宙种种关系组合的代码，如五官、五脏、五行等；在英语文化中，five 没有具体的文化内涵，人们只是视它为不吉利的数字。

（六）"六"与 six 的文化内涵对比

在汉语文化中，"六"代表顺利之意，因此受到人们的喜爱，大多数带"六"的习语都有明显的褒义，如六六大顺等；在英语文化中，six 是一个不吉利的数字，带有 six 的习语也多含贬义的色彩，如 six of best（遭受毒打）。

（七）"七"与 seven 的文化内涵对比

在汉语文化中，"七"的文化内涵主要包括三个方面的文化内涵：第一，表概括之意，如"七声""七情"等；第二，与时间、祸福事宜相关，如"头七"；第三，常与"八"连用表混乱之意，如"七零八落"等。

在西方文化中，seven 的文化内涵主要包括两个方面的内容：第一，seven 带有神圣的意味，因为"Christianity thinks that the God created the world in six days, and the last day was rest"；第二，因为 seven 与 heaven 在拼写上较为相似，所以人们赋予 seven 快乐与幸福的含义。

（八）"八"与 eight 的文化内涵对比

在含义文化中，"八"的文化内涵可以从单三个方面理解：第一，谐音，因为"八"与"发"同音，因此被人们赋予吉利、发财的文化内涵；第二，谐形，因为"八"字形似分开的两部分，因此古时人们常用"八"来划分事物，如"四时八节"等；第三，谐义，《说文解字》中解释八为"别也"，所以"八"带有离别、伤感之意。

在英语文化中，eight 代表着"幸福绵绵无穷尽"的意思，因此人们常把重要的事情安排在带有 eight 的日子进行。

（九）"九"与 nine 的文化内涵对比

在汉语文化中，"九"的文化内涵主要包括两个方面的内容：第一，表至高、至尊之意，如九五之尊；第二，表长久、长寿之意，如九如天宝。在英语文化中，nine 被人们认为是一个吉利的数字，并被赋予完美、长久的文化内涵，如 right as nine pence（完美无缺）。

（十）"十"与 ten 的文化内涵对比

在汉语文化中，"十"代表着圆满、完整，深受人们的喜爱，这从许多习语中就能知道，如十全十美等；在英语文化中，ten 的文化内涵与汉语"十"相似，表"全体、完美"之意，如 the upper ten（社会精英）。

第三节　文学视阈下的饮食、节日文化对比教学

一、文学视阈下英汉饮食文化对比教学

从某种程度上可以说，饮食文化是一个国家或地区文化的一个缩影，所以对学生进行中西饮食文化教育，能够在一定程度上加深学生对中西文化的理解。这里主要从饮食对象、就餐方式、饮食餐具、菜品命名四个方面对英汉饮食文化进行对比。

（一）英汉饮食对象对比

1.中国的饮食对象

从宏观的角度来讲，中国的饮食对象可以分为三类，即主食类、肉食类和辅食类。其中，主食类主要指的是我国传统的主食五谷：稻、黍、稷、麦、菽，需要注意的是，不同的地区其主食也有所不同，比如我国北方以面食为主食，而南方则以米饭为主食；肉食类主要来源于六畜：马、牛、羊、鸡、狗、猪；辅食类主要包括瓜果蔬菜等。

2.西方的饮食对象

受地理环境等的影响，西方的饮食对象以荤食为主。此外，由于西方的食品工业较为发达，再加上工业革命对人们生活节奏带来的影响，西方人也多食快餐、罐头等便捷食物。

（二）英汉就餐方式对比

1.中国的就餐方式

我国是礼仪之邦、文明之邦，就餐方面也极为讲究。通常来说，人们吃饭时多采用合餐制，即大家聚在一起吃饭，这样能加强彼此之间的交流，拉近彼此之间的情感距离；就餐时，人们一般使用圆形桌，而且非常讲究酒桌礼仪与文化（主要指坐席安排、敬酒规矩等）；人们比较讲面子，所以在菜肴设置方面非常讲究，以“待客要丰”为首要原则。

2.西方的就餐方式

由于受历史等因素的影响，西方人都比较崇尚独立和自由，因此他们在就餐时多采用分餐制；西方人就餐时常采用方形桌，且不讲究酒桌礼仪、文化等；菜肴设置上，西方人不讲究丰盛，一般情况下，宴会上只设置两道大菜，其余都是辅助菜。

（三）英汉饮食餐具对比

受饮食对象等的影响，我国的饮食餐具以筷子为主，有时也使用杯、盘、碗碟、勺等工具；西方的饮食餐具以刀叉为主，辅助餐具有杯、盘、盅、碟，需要注意的是，西方人在餐具的摆放方面是极为讲究的，一般情况下，左手拿刀、右手拿叉，其余餐具从左到右依次摆放。

（四）英汉菜品命名对比

1.中国的菜品命名

中国菜品命名的方法主要有四种，即写实法命名、写意法命名、写实加写意法命名以及典故法命名。其中，写实法命名是命名菜肴的基本方法，其主要是按照原料与制作方法对菜肴进行命名，目的是让食客通过名字了解事物，比如蒸螃蟹、煎咸鱼等；写意法命名比较讲究文化意蕴，通常按照菜肴的特点、制作方法、造型等为菜肴取一个含有一定文化意蕴的名字，比如凤凰羹、蚂蚁上树等；写实加写意法命名即让食客通过菜肴的名字，既能了解菜肴的原料制作方法等，又能明白菜肴的造型特征、文化意蕴等，比如红烧狮子头、翡翠虾仁等；典故法命名即根据某一历史人物、历史故事或原产地等菜肴进行命名，比如东坡肘子、大救驾、重庆担担面等。

2.西方的菜品命名

受思维方式等的影响，西方人常以直截了当的方式对菜肴进行命名。具体来说主要包括两种方法：其一是根据菜肴的原料以及烹调方式命名菜肴，比如烤牛排、炸薯条等；其二是根据菜肴的原产地以及原料对菜肴进行命名，比如韩国泡菜、意大利面等。

二、文学视阈下英汉节日文化对比教学

（一）英汉过节方式对比

1.中国节日：注重饮食

我国的传统节日与饮食之间有着密切的关系，大多数的传统节日中都有特定的美食，比如春节吃饺子、元宵节吃汤圆、端午节吃粽子、中秋节吃月饼等。需要注意的是，我国人们之所以关注传统节日中的饮食，不单单是“为了吃”，更重要的传统节日饮食背后的文化意蕴与内涵，比如，端午节吃粽子是为了纪念屈原、中秋节吃月饼是为了寄托相思等。

2.西方节日：注重交往

西方的节日中虽然也有一定的饮食特点，比如圣诞节吃火鸡等，但其中

并没有包含什么文化内涵，西方人更加注重的彼此之间的交往。因此，在欢庆节日的过程中，西方人会通过举办各种游戏活动，来增强娱乐气氛、加深彼此之间的情感交流。比如，复活节的滚彩蛋游戏、感恩节的南瓜赛跑游戏等。

（三）英汉重要节日对比

1.春节与圣诞节

（1）春节

春节是我国最重要的传统节日，是一年的岁首，也可称为新春、新年、过大年、新禧等。一般来说，新春从腊月二十三（小年）开始，延续到正月十五（元宵节）。我国春节的习俗有很多，具体内容如表 5-6 所示。

表 5-6 我国春节习俗

习俗	时间	内容
办年货	春节前	采购各种过年所需用品（吃、穿、戴等）
祭灶	腊月廿三	祭拜“灶王爷”
扫尘	腊月廿四	打扫房屋庭院
贴年红	腊月廿八、廿九、三十	贴春联、年画、窗花等
年夜饭	大年三十	岁末除夕阖家聚餐
守岁	大年三十晚至初一凌晨	点岁火、阖家欢聚、辞旧迎新
压岁钱 燃爆竹	大年初一	长辈给晚辈发压岁钱 放炮仗
拜年	大年初一至初七	拜年祝贺
拜祭神祖	大年初二	烧纸烧香祭拜神祖
破五	正月初五	送穷、迎财神
元宵节	正月十五	赏灯、放烟花等

（2）圣诞节

圣诞节是西方最重要的传统节日，一般来说，从公历 12 月 24 日起至新一年的 1 月 6 日都属于圣诞节的范围。在圣诞节，人们会装饰圣诞树，采购圣诞帽、圣诞袜、圣诞节环等物品，并与家人一起欢度节日。

2.重阳节与感恩节

(1)重阳节

重阳节也是我国重要的传统节日之一,又被称为登高节、敬老节祭祖节,节期在每年的农历九月初九。重阳节的习俗有很多,比如晒秋、登高、祭祖、赏菊、辞青、饮菊花酒等。

(2)感恩节

感恩节是西方重要的传统节日之一,节期为每年 11 月的第四个星期四。感恩节的习俗也有很多,比如吃烤火鸡、玩游戏(蔓越橘竞赛、南瓜赛跑等)、化装游行等。

3.七夕节与情人节

(1)七夕节

七夕节是我国民间重要的传统节日之一,又被称为乞巧节、女儿节、巧夕等,也是我国的情人节,节期为每年农历的七月初七。七夕节的习俗主要有香桥会、接露水、拜七姐、斗巧等。

(2)情人节

情人节是西方国家的传统节日之一,又被称为圣瓦伦丁节,节期在每年公立的 2 月 14 日。情人节是一个关于爱和浪漫的节日,在这一天,恋人之间会互送礼物,来表达自己对对方的爱意。

第四节　文学视阈下的动物、植物文化对比教学

动物、植物在日常生活中随处可见,一般来说,除了特有品种外(如北极熊、雪莲花等),许多动物、植物都是跨越国界存在的。但由于受历史环境、审美心理等因素的影响,不同国家赋予同一动物、植物的文化内涵也有所差别,因此,进行文学视阈下的动物、植物文化对比教学,在一定程度上也能够加深学生对不同民族文化的了解。

一、文学视阈下英汉动物文化对比教学

(一)猪(pig)

1.汉语文化中的猪

在汉语文化中,猪的文化内涵主要包括两个方面的内容:一方面,猪是贪吃、懒惰、笨拙的象征,比如"蠢猪""懒猪""笨猪"等;另一方面,猪代表着憨厚、老实的形象。

2.英语文化中的 pig

在英语文化中,pig 常以贬义的文化内蕴出现。比如:

you greedy pig(你个贪婪货)
What can you expect from pig but a grunt(狗嘴里吐不出象牙)
when pigs fly(无稽之谈)
Pigs love that lie together(臭味相投)

此外,pig 还可以以中性的文化含义出现在英语习语等中,比如:

Pigs see the wind(猪若烦躁,风暴将到)
make a pig of oneself(狼吞虎咽)
drive pigs to market(打鼾)

(二)狗(dog)

1.汉语文化中的狗

在汉语文化中,狗的文化内涵主要包括以下几个方面的内容:第一,表背叛、走狗之意,如"狗腿子""汉奸走狗"等。第二,表势利之意,如"狗眼看人低"。第三,表肮脏、下贱之意,如"落水狗""蝇营狗苟"等。第四,表无能之意,如"狗是百步王,只在门前狂"。第五,狗是忠诚的代表。第六,狗被人们赋予辟邪、"好养活"的内蕴,比如我国农村小孩儿的小名多带"狗"字,像狗蛋儿、狗剩儿等。

2.英语文化中的 dog

在英语文化中，dog 的文化内涵主要包括以下内容：第一，指代人，比如 lucky dog（幸运儿）、top dog（领导者）、war dog（退役军人）等。第二，表卖力、辛苦之意，比如 dog-watch（上夜班）、a good dog deserves a good bone（论功行赏）等。第三，表愤怒、谩骂之意，比如 You dog（你这狗东西）等。第四，表示比赛、天气等的状况，比如 Pull dog，pull cat（比赛激烈）、It's raining cats and dogs（瓢泼大雨）等。第五，常与食物连用，无确定意思，比如 hot dog（面包＋香肠）、a dog in the blanket（葡萄卷饼）等。

（三）龙（dragon）

1.汉语文化中的龙

在汉语文化中，龙的文化内涵可以从三个层面理解，即龙的观念、龙的理念以及龙的精神，具体内容如图 5-1 所示。

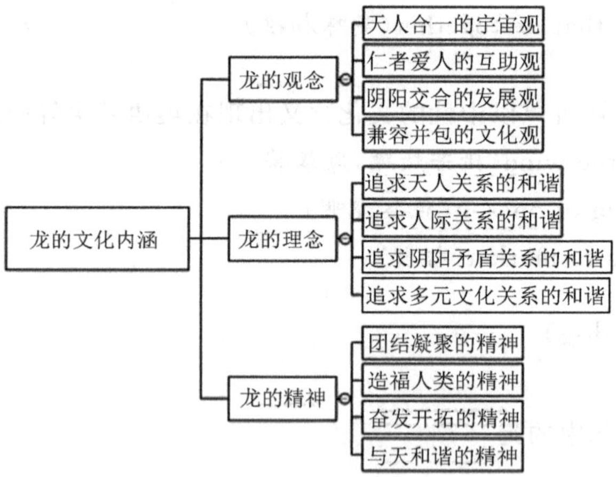

图 5-1　龙的文化内涵

2.英语文化中的 dragon

与汉语文化中的龙完全相反，英语文化中的 dragon 是一个带有贬义色彩的词汇，在《新约》中，dragon 甚至被看成恶魔撒旦的化身。因此，在英语文化中，带有 dragon 的词组、句子等都含有贬义色彩，比如：

Dragon Lady（盛气凌人的妇女）

chase the dragon(吸毒)

The woman standing in the hall is an absolute dragon!

(站在大厅里的那个女人就是一个母夜叉!)

(四)狮子(lion)

1.汉语文化中的狮子

在汉语文化中,狮子的文化内涵主要包括三个方面的内容:第一,狮子是权威的象征,因为狮子是百兽之王,所以常被用来象征威严、权威等;第二,狮子有驱邪镇凶的意蕴,在我国,狮子是祥瑞动物,是“护法神兽”,因此古时官宦的府邸前多设有狮子尊像;第三,狮子还象征着觉醒的中华民族,觉醒的中华民族已经成为“东方雄狮”。

2.英语文化中的 lion

在英语文化中,lion 多被赋予权威、凶猛、勇敢等文化内蕴,比如:

the lion’s share(最大份额)

the British lion(大英帝国)

Every soldier fought like a lion in the battle.

(战场上的每名士兵都像狮子一样勇猛。)

(五)兔子(rabbit)

1.汉语文化中的兔子

在汉语文化中,兔子的文化内涵主要包括三个方面的内容:首先,兔子象征着机敏与灵活的象征,如静若处子,动若脱兔;其次,兔子有狡猾的内蕴,如狡兔三窟;第三,兔子是长寿的象征,如葛洪在《抱朴子》中称“兔寿千岁、五百岁其色白”。

2.英语文化中的 rabbit

在英语文化中,rabbit 多带贬义的色彩,常以负面的内蕴出现在一些词组或短语中,比如:

dead rabbit(亡命之徒)

Rabbit it(见鬼)

Rabbit the fellow(他妈的)

Even rabbits insult an dead lion(虎落平阳被犬欺)

(六)羊(sheep)

1.汉语文化中的羊

在汉语文化中,羊的文化内涵主要体现在四个方面:第一,羊被赋予教育的意义,如鸦有反哺之义、羊有跪乳之恩;第二,羊被视为吉祥的象征;第三,羊是正义廉洁的象征,这层文化意蕴主要是由神兽獬豸而来,神兽獬豸的原型是一只羊,其能够辨识善恶、秉公执法;第四,羊有"背黑锅"之意,如"替罪羊"。

2.英语文化中的羊

在英语文化中,sheep 既有褒义的文化内涵(温顺、害羞等),又有贬义的文化内涵(坏人、恶者等)。比如:

make sheep's eye at(温顺地看着)

She had a sheepish smile.(她笑得很害羞)

a black sheep(害群之马)

a wolf in sheep's clothing(披着羊皮的狼)

(七)猫头鹰(owl)

1.汉语文化中的猫头鹰

在汉语文化中,猫头鹰是不祥之鸟,给人一种恐怖、压抑的感觉,所以其常以负面的形象出现,人们也常把猫头鹰与不祥、死亡等联系在一起。

2.英语文化中的 owl

在英语文化中,owl 的文化内涵主要包括三个方面的内容:首先,owl 象征着聪慧与一丝不苟,如 as wise as an owl(像猫头鹰一样机灵)、grave as an owl(一脸严肃);其次,owl 表笨、蠢之意,如 as stupid as an owl(笨透了)、Don't be such a silly owl(别做傻事);最后,owl 喻指夜晚的一些行为,如 an owl show(通宵电影)、night owl(熬夜)。

二、文学视阈下英汉植物文化对比教学

（一）橡树（oak）

在汉语文化中，橡树是坚强、伟岸的象征，这从舒婷的《致橡树》中就能明白：……你有你的铜枝铁干，像刀，像剑，也像戟。在英语文化中，oak 象征着勇敢和坚强，如 a heart of oak（坚韧不拔者）。

（二）柳（willow）

1.汉语文化中的柳

在汉语文化中，柳的文化内涵主要包括五个方面的内容：第一，春天的象征，这从贺知章的《咏柳》中可知；第二，表离别、挽留之意，因为“柳”与“留”谐音，所以古诗中常有“折柳惜别”的描述；第三，因为柳条柔美灵动，所以汉语中常用“柳姿”来形容女子姿色，如形容林黛玉的“行动好似风拂柳”；第四，表驱邪避恶之意，《齐民要术》中讲“正月且取柳枝著户上，百鬼不入家”；第五，与色情相关，如寻花问柳、残花败柳。

2.英语文化中的 willow

在英语文化中，willow 的文化内涵主要表现在两个方面：一方面，willow 形容女子的优雅与苗条，比如 the lady is so tall and willow（这位女士又高又苗条）；另一方面，willow 表悲伤、哀悼之意，如 wear the green willow（痛失心上人）。

（三）桂树（laurel）

在英汉文化中，桂树带有荣誉的文化内涵。在汉语文化中用“蟾宫折桂”来形容人独占鳌头，英语文化中也有许多用 laurel 作短语表荣誉的，如 rest on one’s laurels（满足既得荣誉）、gain one’s laurels（获得荣誉）。

（四）牡丹（peony）

在汉语文化中，牡丹是我国的国花，象征着富贵、高雅，这从我国传统的工艺美术品中就能得知。在英语文化中，peony 带有魔力的文化意蕴，这主要是因为神医皮恩用 peony 治好了宙斯儿子的病。

（五）橄榄（olive）

在英汉文化中，橄榄（olive）的文化内蕴是具有一致性，即都用橄榄枝来象征“和平、平安”。此外，由于橄榄果口感苦涩，但越嚼越有味道，因此在汉语文化中，常用“橄榄”或“青橄榄”来喻指文学作品或艺术作品等经得起推敲，需要仔细品味。

（六）梅（plum）

1.汉语文化中的梅

在汉语文化中，梅的文化内涵主要包括三个方面的内容：第一，寓意着五福，即和平、快乐、顺利、长寿和幸运；第二，象征着不畏艰险的精神，“墙角数枝梅，凌寒独自开”就是这种精神的写照；第三，表伤时感怀之意，如“定定住天涯，依依向华物。寒梅最堪恨，长作去年花”（李商隐《忆梅》）。

2.英语文化中的 plum

在英语文化中，plum 的文化内涵主要有两点：第一，plum 忠诚之意；第二，plum 表示令人垂涎的事物，如：Laura landed a plum job with a art gallery（劳拉在一家画廊找到了份美差）。

（七）百合（lily）

1.汉语文化中的百合

在汉语文化中，百合的文化内涵主要包括两个方面的内容：一方面，百合象征着美好、吉祥，有百年好合之意；另一方面，百合象征着清新脱俗、含蓄淡雅，如“与人无争，静静地开放，一朵芬芳的山百合”（席慕蓉《山百合》）。

2.英语文化中的 lily

在英语文化中，lily 的文化内涵可以从两个方面理解：第一，象征着纯洁和完美；第二，象征着胆小、懦弱。例如：

Laura deeply understood the world but who is keeping a lily-white heart.

劳拉深知事故，却保持一颗纯真的心。

But its lily-livered approach might, in fact, be the right one.
但实际上，这种胆小的做法也许是正确的。

第五节　文学视阈下的人名、地名文化对比教学

人名、地名文化也是一个国家文化的重要组成部分。受历史、地理环境等的影响，不同国家和地区在人名、地名的来源、取法等方面也存在一定的差异，进行文学视阈下的人名、地名文化对比教学，对学生了解、掌握文化之间的差异具有积极的意义。

一、文学视阈下英汉人名文化对比教学

（一）英汉姓名结构对比教学

1.汉语姓名结构

在汉语文化中，人们的姓名结构通常为“姓＋名”或“姓＋辈分＋名”。不过随着社会的发展，“姓＋辈分＋名”的姓名结构形式正在不断地淡化。当下，汉语姓名主要有两种：其一是显性名（三字姓名）；其二是隐性名（两字姓名）。

2.英语姓名结构

在英语文化中，人们的姓名结构通常为“教名＋中间名＋姓”，如 Anna Louis Strong（安娜·路易斯·斯特朗）。其中，教名是由牧师或父母起的，类似于汉语文化中的乳名；中间名是自己另取的名字，书写时可以只写首字母，也可以省略不写，如 Anna L.Strong 或 Anna Strong。

（二）英汉姓氏来源对比教学

1.汉语的姓氏来源

汉语的姓氏来源主要有六种，具体内容如表 5-7 所示。

表 5-7　汉语的姓氏来源

源	姓氏	举例
源于祖先的号	姒、姜等	禹的后代姓姒； 伯夷的后代姓姜
源于居住地	姬、姜等	黄帝住姬水之滨，以姬为姓； 炎帝居姜水之旁，以姜为姓
源于国名	齐、秦、宋等	夏、商、周三代分封的诸侯国
源于职业	陶、卜等	制造陶瓷世家多以陶为姓 占卜师多以卜为姓
源于官职	司马、司徒等	司马掌管军政、军赋、马政的大臣； 司徒负责掌管民户、土地的大臣
源于帝王赐姓	蛸	北齐武帝因陈王萧响反叛，改萧姓为蛸（章鱼）

2.英语的姓氏来源

英语姓氏的来源主要有六种，具体内容如图 5-2 所示。

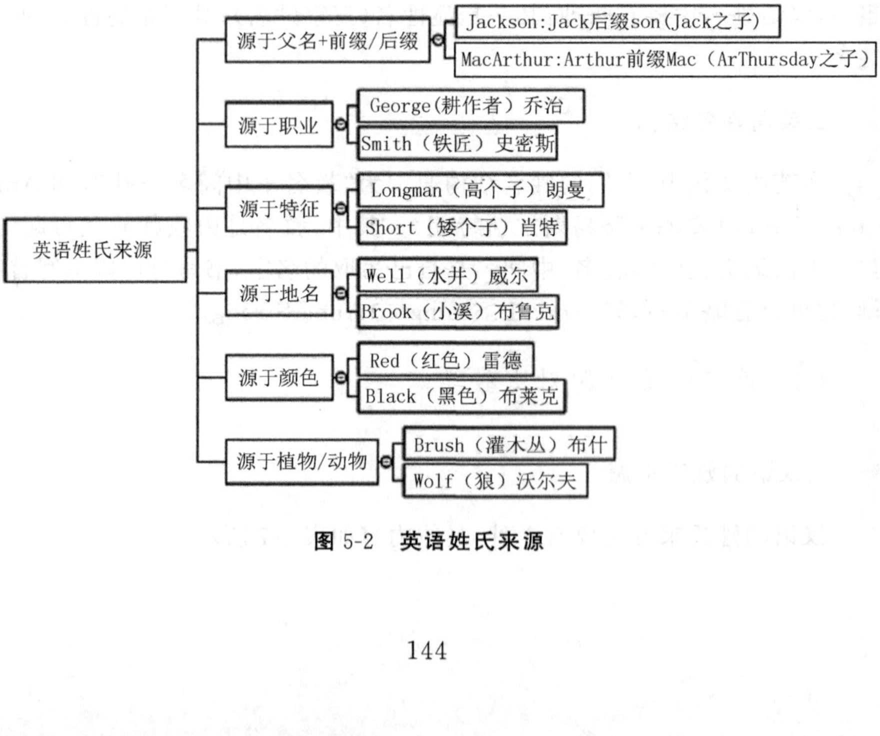

图 5-2　英语姓氏来源

(三)英汉取名方式对比教学

1.汉语取名方式

汉语取名的方式比较丰富,大只可以归纳为以下几种。

第一,以出生时间取名。根据出生时辰取名,如晨曦、丙寅等;根据出生季节取名,如春来、秋宝等。

第二,以出生地取名。以出生地取名旨在希望孩子长大后能不忘根、不忘本,如在广西出生可以取名为广生。

第三,以出生顺序和体重取名。以出生顺序取名在我国古代社会较为常见,如赵老二、王老三等;以体重取名,即根据孩子出生时的体重取名,如鲁迅小说《风波》中的九斤老太、六斤等。

第四,以八字、五行取名。以八字、五行取名主要是根据孩子的生辰八字以及五行状况进行取名,一般来说,五行缺少什么名字中就需要补什么,如五行缺木,名字中要带有木、林等字,或以木为偏旁部首。

第五,以长辈的寄托取名。长辈常把自己的祝福、期望等寄托在孩子的身上,最直接的外在表现就是孩子的名字,比如振宇、要强等。

第六,以重大事件取名。以重大事件取名,即根据历史上某一时期的重大事件取名,这一取名方式多带有时代性特征,如跃进、建国等。

第七,以动植物取名。以动植物取名,即根据动植物所含有的文化寓意为孩子取名,如雪梅、麒麟等。

2.英语取名方式

英语取名的方式主要有五种,具体内容如下。

第一,以历史人物的名字取名,如 Byron(拜伦)、Lincoln(林肯)等。

第二,以人的性格特征取名,如 Albert(艾伯特),albert 为聪明、高贵的意思。

第三,以职业取名,如 Durward(德沃德),durward 为守门人的意思。

第四,以货币取名,如 Franc(法兰克),franc 为法郎的意思。

第五,以动植物取名,如 Arthur(亚瑟)、Lily(莉莉),arthur 为雄熊的意思、lily 为百合的意思。

(四)英汉取名避讳对比教学

汉语取名主要避讳两点内容:第一,不用贬义字词;第二,不用繁难、怪僻字词。

英语取名避讳的内容也有两点：其一是避免名的尾字母和姓的首字母都是元音；其二是避免姓和名的首字母都为辅音。

二、文学视阈下英汉地名文化对比教学

（一）英汉地名来源对比教学

1.汉语地名来源

汉语地名的来源主要包括五个方面的内容，如表 5-8 所示。

表 5-8 汉语地名来源

来源	举例
源于方位和位置	山东、山西； 河南、河北
源于名字	中山市； 靖宇县
源于地理特征	黄河； 五指山
源于美好愿望	万寿山； 太平寺
源于动植物	马鬃山； 杏花村

2.英语地名来源

英语地名的来源包括七个方面的内容，如表 5-9 所示。

表 5-9 英语地名来源

来源	举例	释义
源于地形特征	Holland（荷兰）	Holland 的本意为地势低洼的地方
源于方位和位置	West Sahara （西撒哈拉）	—
源于姓名	Washing State （华盛顿州）	—
源于动物	Kangaroo Island （坎加鲁岛）	因岛上袋鼠成群而得名

续表

来源	举例	释义
源于河流、湖泊	Tennessee(田纳西州) Ontario(安大略州)	—
源于美好愿望	Pacific Ocean (太平洋)	—
源于移民故乡	New England (新英格兰)	—

(二)英汉地名避讳对比教学

地名避讳主要见于我国古代社会。比如,三国时期,孙权为了避祖讳(其祖父名为孙锺),将锺山(即钟山)改为蒋山;五代后唐时期,为避李国昌讳,山东的博昌县改为博兴县、湖南的昌江县改为平江县。受多方面因素的影响,西方的地名几乎不涉及这方面的问题。

第六章　文学视阈下的英语教学改革探索

英语教学改革对英语教学具有重要作用，它不仅能够为英语教学活动的开展注入新的活力，而且能够推动英语教学的不断进步与发展。本章主要探讨文学视阈下的英语教学改革，具体包括三个方面的内容：文学视阈下英语教学的现状分析、文学视阈下英语教学的目的探赜以及文学视阈下英语教学的改革及转型。

第一节　文学视阈下英语教学的现状分析

随着我国教育改革的不断深入，越来越多的高校开始重视英语文学教学工作，但由于受多种因素的影响，当下高校英语教学中的文学教学现状依旧不尽如人意。就高校学生而言，他们的英语文学阅读极为有限(主要是教材中节选的作品)；就高校英语教师而言，他们在英语教学中多重视语言知识的讲授与语言技能的训练，而把文学作品当作阅读材料来处理。这些都使得文学的功能在英语教学中受到极大的限制，对学生英语综合能力的培养造成了非常不利的影响。

一、我国英语教学中文学教学的历史与现状

(一)我国英语教学中的文学教学传统

从辛亥革命到中华人民共和国成立，虽然我国的英语教学从整体上说处于一种畸形的发展状态，但仍保有文学教学活动，且文学教学课堂以教授文学作品为主。因为当时大多数学校的英语教学活动主要由教会或外国教员管理，所以课堂中使用的教材比较复杂，但英语教材整体上文学作品居多。比较有代表性的教学材料有周越然编选的《英语模范读本》(第四册)、李儒勉编选的《标准高级文选》等。这些教学材料多取材于欧美古典文学作

品,对学生英语文学素养的培养、英语学习能力的提高等都有很大的帮助。国内英语界的泰斗季羡林先生,就曾在他的回忆文章中谈及研读英语文学著作对其日后写作的巨大影响和帮助。

中华人民共和国成立初期,受政治意识形态等因素的影响,我国的英语教学活动受到极大的冲击,教学活动照搬苏联模式,英语全部改为俄语,英语教学活动中断。这使得我国的英语教学活动走了一段很长的弯路,英语文学教学自然受到波及。

20 世纪 50 年代中期,我国开始开始采取各种措施来推动国家的发展,高校英语教学活动也逐步得以恢复,到 20 世纪 60 年代中期,我国的英语教学活动开始缓慢发展,英语文学教学处于缓慢的恢复状态。

"文化大革命"之后,我国的英语教学活动逐步走上正轨,英语文学教学也得到了逐步的发展。这一时期,英语教学以教授文学作品为主,教材中所选的文章题材多样,包括小说、散文、诗歌等。

(二)我国英语教学中的文学传统的流失

20 世纪 80 年代中期,交际法在我国兴盛起来,这给我国的英语教学活动带来了很大的影响。英语教材中文学作品的占比明显下降,与日常生活相关的英语文章开始占据主要地位。

之后,教育者通过对英语考试的观察与研究,发现标准化考试才是"社会主流",从而开始把学生学习的过程视为"题海战"的训练过程。这更加快了英语文学作品淡出英语教学活动的步伐。

此外,这一时期有相当一部分教育者开始反对英语文学教学活动。他们反对英语文学教学主要包括两个方面的原因:一方面,他们认为英语文学教学是建立在学生掌握一定英语知识与技能基础上的,而对于当下高校的学生来说,他们还不具备学习英语文学的能力;另一方面,英语文学作品中的语言与时下英语考试的"标准"相去甚远,无助于学生学习成绩的提高。

(三)我国英语教学中的文学教学的逐步回归

文学对语言教学具有重要的意义,是语言教学的肥沃土壤,没有了文学的辅助,语言教学就会黯然失色。当下,我国很多的英语学学者开始意识到语言学习与文学是紧密联系的,文学课在英语教学活动中占据着重要地位。文学课不仅能够为学生的英语学习提供相应的课程资源,而且能够给予学生多方面的知识,从而推动学生朝着更加全面的方向发展。因此,在教学实践活动中,我们要把文学与语言的学习结合起来。

此外，众多的专家学者也开始通过发表著作或参与专题会议的形式，论述文学在英语教学活动中的重要作用；一些英语教师也结合自己的英语教学实践活动，阐述英语文学与英语的重要关系，并积极为英语文学如何融入到英语教学中献言献策。

随着社会各界对英语文学教学重视程度的日益加深，我国也开始制定相关的政策标准来推动英语文学教学的发展。比如，2003 年，我国制定了《普通高校英语课程标准》，将英语文学学习列入选修课程，并且对学生的文学阅读量提出了明确的要求。与此同时，有关高校英语文学教学的理论研究也被提上日程，尽管当下有关这方面内容的研究还是比较薄弱，但显示了英语文学教学正在逐步回归到英语教学活动中这一迹象。

（四）我国英语教学中的文学教学现状

1.教师角度

就教师而言，我国高校英语教学中的文学教学现状主要表现在五个方面：课内外文学输入不足、授课内容与形式有待进一步提高、不知如何提高学生的人文素养、对英文教学的信心不足、对文学教学效果的评价方式有待提高。

(1)课内外文学输入不足

课内外文学输入不足主要表现在两个方面：一方面，高校英语教师在课内教学活动中，将文学教学材料的学习仅仅局限在教材中所提供的有限篇章上；另一方面，在课外教学活动中，高校英语教师既没有给学生提供相应的英语文学学习材料，也不重视对学生自学英语文学能力的培养。

导致课内外文学输入不足的原因主要有四点：第一，当前国家所编写的高校英语教材以话题为导向，更为注重对学生英语交际能力的培养，这使得英语教材中的文学篇章占比极为有限；第二，英语四六级考试材料偏重实用性较强的科普类文章，这种导向作用也在很大程度上使得教师不重视英语文学的教学活动；第三，部分文学作品较为“高深”，以高校学生现有的英语知识储备，根本无法理解文本内涵，这使得学生对英语文学作品望而却步，久而久之也就失去了阅读英语文学作品的兴趣；第四，教师在教学活动没有给予学生相应的文学引导，这也在很大程度上影响了学生对英语文学的学习。

(2)教学内容与形式有待进一步提高

就教学内容而言，大多数教师的教学材料仅局限在课本中所提供的有限篇目上，几乎没有任何的课外拓展。此外，一些开过英语文学选修课的教师，授课内容也多是自己从网上下载的讲义，而这种讲义往往是没有任何创意的，很难引起学生的学习兴趣。

就教学形式而言，当下在我国高校英语教学活动中，还有相当一部分教师仍在沿用传统的教学方法，即“考什么，教什么”。而英语文学因在考试中所占比例有限，自然难以引起教师的注意。纵然部分教师会对英语文学进行进一步的讲解，也多局限在介绍一些简单的文化知识方面，而对作品的意义、作者的写作风格与技巧等内容则很少提及。

(3)不知如何提高学生的人文素养

当下，还有很多英语教师没有认识到英语文学教学的“人文性”，在具体的教学时间活动中，把文学教学等同于普通的阅读教学，只注重语言知识的讲解与语言技能的训练，而对如何通过英语文学教学来提高学生的人文素养却不得而知，这使得英语文学的课堂教学枯燥乏味，不能激发学生学习的兴趣。

(4)对英语文学教学的信心不足

在具体的英语文学教学活动中，有很多的教师仍然坚持用学校下发的教材进行教学，因为在他们看来，学校下发的教材中所选的篇章都是名家名篇，易于学生理解与掌握。而如果要进行额外的材料补充，他们将会面临材料选择难度如何把控等诸多问题，加之教学任务多、教学压力大，很多教师不愿或不敢去尝试补充文学阅读材料。此外，有相当一部分教师本身不是英语文学专业的，对英语文学作品涉猎较少，使得他们在文学积累、文学鉴赏方面存在诸多不足。这些因素都给教师的英语文学教学带来了不小的挑战。

(5)对文学教学效果的评定价方式有待提高

以开过英语文学选修课的教师为例，他们平时会让学生鉴赏文学作品、进行角色表演等，期末会采取卷面考试或提交小论文的形式，对学生的学习进行综合的评定。这些评定方式是否合理、是否能有效地反映学生的学习情况、是否更能促进教师对文学教学的重视等，这一系列问题都没有得到有效的回馈，都需要我们进行进一步的探讨，进而找到最合适的评定方式。

2.学生角度

就学生而言，我国高校英语教学中的文学教学现状主要表现以下几个方面：

第一，学生的文学阅读量非常有限，且不大主动去改变现状。这主要是由三个方面的原因造成的：①高校学生的学业压力较大，且课外活动较多，学生的课余空闲时间有限，这种情况下，英语文学阅读自然成了“奢侈”的事情;②由于高校学生的词汇量不够,这使得他们在阅读英语文学作品会遇见诸多的问题,从而使他们不愿意再去碰英语文学作品;③四六级考试涉及英语文学题材的内容极少,这也导致学生不愿在英语文学阅读上浪费过多的时间。

第二,英语文学教学在一定程度上给学生的英语学习带了一定的助益。首先,英语文学教学丰富了学生的语言知识积累;其次,英语文学学习扩大了学生的知识面;最后,英语文学学习提高了学生的写作能力。

第三,部分高校在期末考试的试卷中会加入一些文学考题,这一方面是对学生英语文学学习效果的考查,另一方面是为了激发学生的学习的动力,促进他们对文学作品的学习。

二、我国高校英语文学教学中存在的问题

我国高校英语文学教学中存在的问题是由多方面原因造成的,这里主要从学生方面、教材方面、教学方面、师资方面、评价方式方面进行分析。

(一)学生方面

学生的英语文学摄入量严重不足。课内,学生的英语文学阅读局限于教材中提供的有限的篇目。课外,学生的英语文学阅读又得不到有效的补充,这主要是由两个方面的原因造成的:一方面,英语文学的考试实用性不强,与当下的考试“标准”不相符;另一方面,部分英语文学作品比较难懂,再加上学生英语知识储备不足,使得学生对英语文学缺乏兴趣。此外,教师在学生英语文学学习中,对学生缺乏相应的引导与帮助,也是高校学生不愿阅读英语文学作品的重要原因。

(二)教材方面

高校的英语教学活动缺乏统一的文学教学大纲,也缺乏相应的文学教材。当下,高校英语教师在面对不可胜数的英语文学作品时,往往不知如何选择,甚感茫然。部分高校希望通过开设英语文学选修课,来弥补教材文学作品不足的现状,但在实际教学中,大多数选修课教师只是以自己印发的讲义为教学材料,选修课课程设置也不广泛,主要以影视和短剧为主,诗歌、散文几乎没有出现过,这些都在很大程度上限制了英语文学教学的发展。

（三）教学方面

教学方面存在的问题主要表现在两个方面：一方面，教师的教学任务重、压力大，再加上课题研究量大，教师没有充足的时间进行必要的英语文学教学研究，这使得他们在具体的教学实践活动中，往往会沿用阅读课的教学模式；另一方面，受考试"标准"的影响，教师的教学目标往往以提高学生的成绩为主，这使得他们在英语文学教学中，依然以教师和教材为中心、以语言知识分析为主，教学方法极为单一，根本不能切实提高学生的英语文学学习能力。

（四）师资方面

师资方面的问题主要包括两个方面的内容：第一，高校英语教师中，有相当一部分教师不是英语文学专业出身的，在英语文学方面的储备量严重不足，这使得他们对自己的文学授课能力信心不足，从而不愿意从事英语文学的教学，这也就使得高校英语文学教学的师资力量不足；第二，高校没有给予英语文学教学足够的重视，自然就不会重视对教师英语文学教学能力的培养，进而也导致了高校英语文学教学师资力量的薄弱。

（五）评价方式方面

当下，对英语文学学习效果还没有相对规范与标准的评价方式。大多数高校英语教师采用的依然是应试教育的评价方式，比如卷面考试、提交小论文等，这种评价模式下，教师往往只重视学生学习的结果，而忽略学生学习的过程。

而如今，我国一直在倡导素质教育，素质教育又是一种极为重视学生学习过程的教育。那么，在这样的背景下，我们该如何激发学生英语文学学习的动力？如何在教学中培养学生的英语文学学习能力？又该如何衡量学生英语文学学习的效果？这些问题都有待于进一步探讨。

第二节　文学视阈下英语教学的目的探赜

一、高校英语文学教学的意义

在高校英语教学活动的过程中开设英语文学课程，对学生英语方面综合素养的提升有着重要的意义。比如，培养学生阅读英语文学作品的习惯、提升学生对西方文化的了解等。

从提高英语技能角度来讲，英语文学课是检验和培养学生高层次阅读和写作能力的课程。英语文学课的基本要求之一，就是提高学生阅读英语文学原著的总量，从而为提高学生各方面的英语技能提供有力的支持。但遗憾的是，有相当一部分高校学生在临近毕业时，没有完整读过一本英语文学名著，更不用说通过阅读英语文学作品来提升自身的英语技能了，可见加强高校英语文学教育势在必行。

从提高文化素养角度来讲，高校英语文学教学中所使用的教材，多是编者在考虑多方面因素的基础上精心编写的，所选的英语文学作品基本上都是名家经典作品。而这些名家经典的作品都是包含着丰富文化内蕴与历史知识的，不仅能够陶冶学生的性情、开阔学生的眼界，而且能够充实学生的心灵、启迪学生的智慧，从而提升学生的文化素养。

从人文教育角度来讲，优秀的英语文学作品大多凝聚着对人的精神内核、灵魂寄托、生死意义等的深切关注，阅读这些作品能够拓宽学生的思维与认识空间，不仅有助于培养学生健全人格，而且有助于培养学生的人文精神。而在实际的教学活动中，这种人文精神又常常被高校所忽视，由此，在高校英语教学活动中，对学生进行英语文学教育的意义也就不言而喻了。

综上所述，高校开设英语文学课程对学生进行英语文学教育的意义，已经不再是单纯地学习英语文学的一般知识了，它还承载着对高校学生的思想、精神等方面进行教育的重要使命。所以，在当下高校学生英语水平有限、文化素养不足、人文精神匮乏的现状下，高校英语文学教学的存在意义重大且深远。

二、高校英语文学教学的作用

高校英语文学教学的作用主要表现在五个方面：有利于调动学生学习英语的积极性、有利于开阔学生的视野、有利于激发学生的学习兴趣、有利于帮助学生理解课文、有利于提升学生的人文素养。

（一）有利于调动学生学习英语的积极性

英语作为我国学生在日常生活中经常使用的语言工具，在教学中受到了教师与学生的重视。相较于中小学学生需要在教师的“约束”下进行英语学习，高校学生的英语学习则具有更多的自由，这就要求高校的英语教师将更多的注意力放在如何调动学生学习英语的积极性上。英语文学作品具有一定的故事性，相较于传统的课文，更具趣味性和可读性。在高校的英语课堂进行英语文学赏析，不仅能够丰富教学内容，而且能够通过故事性片断的展示吸引学生的注意力。

在英语教学实践中，高校教师为了让学生牢固掌握英语知识，往往会列举大量的事例材料，而英语文学作品丰富的内容刚好能够给教师提供多样化的选择。尤其是当学生感觉疲惫，或注意力不能够集中时，高校教师可列举英美文学作品中的经典片段，通过让学生阅读、分析，来调动学生学习的积极性、集中学生的注意力。

需要注意的是，教师在列举英语文学作品时切忌选择过难的片段，太难的作品片段不仅不会缓解学生的疲惫状态，反而会事与愿违。难度适中或者较为容易的片段，不仅易于学生理解，而且能够使学生获得一种成就感，这在很大程度上能够消除学生的疲惫感。比如，教师在教学的过程中可以列举《哈利波特与魔法石》中《魔法之镜》的一个片段：

"It's an invisibility cloak," said Ron, a look of awe on his face. "I'm sure it is—try it on."

Harry threw the cloak around his shoulders and Ron gave a yell.

"It is! Look down!"

Harry looked down at his feet, but they were gone. He dashed to the mirror. Sure enough, his reflection looked back at him, just his head suspended in midair, his body completely invisible. He pulled the cloak over his head and his reflection vanished completely.

译文：

"我敢保证，这是一件隐形披风，"罗恩脸上现出无比的敬畏，"快试一试。"

哈利从地上捡起那件闪亮的银白色布匹，觉得它质感非常奇怪，顺手把披风披在肩上。

罗恩大声喊道："快往下看！"

哈利往他的脚下一看，发现他的双脚没有了。他向镜子前冲去，千真万确，在镜子里只看见他的头悬浮在半空中，而他的整个身子则完全看不见了。他把披风拉到头上，整个人都消失了。

这一例子，不仅趣味性强，而且并无太难的句子或词汇，学生阅读起来比较容易。此外，句中的短语、词汇、连词等运用得也非常到位。诸如这样的例子，一方面能够有效地缓解的疲惫状态、集中学生的注意力，另一方面也能使学生在分析故事中学到相关的知识点。

（二）有利于开阔学生的视野

高校在英语教学活动中开设英语文学课程，能够在一定程度上开阔学生的视野，使学生初步形成文化交际意识。

在高校教育阶段，学生所阅读或接触到的英语文学作品基本上都是名家名作，可以说每一部作品都承载了不同历史时期、不同地域文化的特色。学生在阅读这些文学作品时，会自觉或不自觉地将它们与我国的文学作品进行对比，并在潜意识中对不同文化的特色给予主观的肯定或批判。此外，学生在阅读英语文学作品的过程中，会对英语国家的历史传统、政治经济特点、文化风俗等有一定的了解。这些因素都在一定程度上开阔了学生的视野，推动学生朝着更加全面的方向发展。

（三）有利于激发学生的学习兴趣

兴趣是最好的老师，对高校学生英语学习水平的提高具有重要的作用，但是现在大部分高校学生学习英语的动机已经不是因为兴趣使然了，而是多了更多的“功利性”，比如获得学分、考级等，这是一种不好的现象。在英语教学活动中开设英语文学课程，能够在一定程度上改变这一现象。因为英语文学作品具有一定的故事性、趣味性，学生通过阅读英语文学作品不仅能够领略不同文化中的逸闻趣事、风俗习惯等，而且能够切实感受到国外写作大师的文学造诣等，这些都能在潜移默化中激发学生学习英语的兴趣。

（四）有利于帮助学生理解课文

高校英语教材编写的一个重要原则就是实用性，因此教材编写者在进行内容选择时，往往以反应英语国家人文风情的内容为主。但由于中西文化之间存在较大的差异，如果在课堂上单纯地给学生分析课文，势必会对学生的理解造成一定的困难。而英语文学作品则很好地展现了英语国家的人文风情、文化习俗等，阅读、分析英语文学作品能够在很大程度上加深学生对西方文化的理解。特别是英语文学作品能够给学生提供更具权威性的语言表达方式，使学生在课堂中面对俚语和口语化的课文时，能够及时地理解。

此外，高校的英语教材中经常会出现人物传记之类的文章，这对不熟悉相关内容的学生来说，阅读起来有很大的困难，复杂的人物关系，常使学生无法厘清文章的思路与脉络。而如果教师在英语文学教学中，时常给学生推荐一些人物传记之类的文学作品，让学生进行有针对性的阅读训练，则能够在很大程度上提高学生对这类文章的理解能力。

(五)有利于提升学生的人文素养

优秀的文学作品对学生人文素养的形成与发展具有重要的作用。在高校英语教学活动中,开设英语文学阅读赏析课程,能够使学生了解英语国家的宗教、风俗礼仪等文化,这在很大程度上能够充实学生的文化积淀,进而提高学生的人文素养。

阅读、赏析英语文学作品的过程,也是帮助学生进行人文知识构建的过程。因为高校学生已经具备了相对完善的“三观”(世界观、人生观和价值观),他们在阅读英语文学作品的时候,一方面会用自己的“三观”去评判文学作品中人物的思想、行为等,另一方面自身的“三观”又会受到文学作品中人物的影响。

不同的英语文学作品,既有这不同的主题,也有不同的文化意蕴。因此,在英语文学教学活动中,高校教师要根据学生的特点与兴趣,在了解学生思想品质方面最需要增强部分的基础上,结合英语文学作品对学生进行指导,从而使学生在丰富自己的精神世界的同时提升自身的人文素养。

三、高校英语文学教学的目的

高校英语文学教学的目的在一定意义上可以说是对高校英语文学教学意义与作用的总结和扩展。为了便于叙述,这里主要从提升语言运用能力、发展学生思维能力、提升文化品格、形成良好的阅读习惯四个角度对高校英语文学教学的目的进行分析。

(一)提升语言运用能力

1.感知多元主题,丰富语言表达

高校英语文学教学活动中所使用的教材,选编的文学作品主题是非常丰富的,包括人文、科学、历史等众多内容,学生通过阅读这些文学作品,学习各种类型的知识,为提升自身的语言运用能力奠定了良好的基础。而教师也可以通过引导学生感知不同主题的文学作品来丰富学生的语言表达素材,从而为学生语言运用能力的提升提供有力的支持。

2.再现真实情境,有效运用语言

语言是社会交际的工具,其在人类的生活中有多种功能,比如信息功能

（传递信息、表情达意）、表情功能（表达情绪、抒发情感）等。优秀的英语文学作品是作家呕心沥血的成果，不仅内容丰富，而且语言上极为讲究。在高校英语文学教学活动中，教师可以通过帮助学生领略英语文学作品中的语言艺术，让学生在文学作品真实的情境中感知地道的英语表达，从而有效地提升学生的语言运用能力。以杰克·伦敦（Jack London）的 *The story of an eyewitness* 中的一个小片段为例：

San franscisco is gone.

Its business are gone.

The factories, hotels and palaces are gone too.

All of the ways man had made to keep the city safe were gone in the 30 seconds the city moved.

A list of buildings undestroyed was now only a few addresses.

A list of the brave men and women would fill a library.

A list of all those killed will never be made.

作者用四个"gone"和三个"A list of"，将灾难过后洛杉矶的惨状真实地呈现了出来。作品中精练的语言、反复的修辞手法等，在给学生再现故事情境的同时，也能使学生感受到语言大师的语言魅力，从而使学生在借鉴的基础上，不断提高自己的语言运用能力

（二）发展学生思维能力

1.初构文本，形成认知冲突

所谓初构文本，指的主要是学生对英语文学作品的感知以及认知图式。文本初构是学生学习英语文学作品的输入阶段，在这一阶段，学生需要对阅读的英语文学作品的信息进行初次加工，而教师的任务则是引导学生了解文学作品的内容与主题，并引导学生从作品中发现疑难，从疑难中提出问题，从而激发学生的思维，促使他们为解决问题而积极思考。

英语文学教学与学生思维能力的培养是有重要关系的：一方面，在英语文学教学过程中，学生在阅读英语文学作品时，需要对作品的思想内涵、谋篇布局等有一个清晰的认识，这就需要学生思维的积极参与；另一方面，教师在英语文学教学活动中，也会将与英语文学相关的人文知识结构、人文素养等内容传递给学生，学生在接受、消化、吸收的过程中，也需要思维的积极参与。由此可见，思维从根本上来说是产生于学生发现问题、分析问题过程中的，因此，在具体的英语文学教学活动中，教师要积极引导学生在初构文

本的过程中发现问题、分析问题，从而发展学生的思维能力。

2.重构文本，形成自主构建

所谓解构文本，在这里主要是指教师在帮助学生加深对英语文学作品理解的同时，指导学生根据他们已有的认知结构，对文学作品中所呈现的信息进行进一步的加工，从而得出文本中没有明确呈现的信息，诸如作者谋篇布局的逻辑、写作意图、写作风格等。在这个阶段，教师的主要任务是引导学生在初构文本阶段提出问题、分析问题的基础上，通过多种渠道尝试解决问题，并建立认知图式，完善认知结构，这对学生思维能力发展的影响是有巨大帮助的。

3.创构文本，形成应用迁移

所谓创构文本，在这里主要是指在学生对英语文学作品初构、重构的基础上，教师引导、启发学生从多方向、多角度探寻解决问题的方法，并鼓励学生对人生、社会进行独立的评价和思考，最终形成对文本意义的表征。从某种意义上说，在高校英语文学教学活动中，学生阅读英语文学作品的过程也是学生根据作者及其创作环境以及语言修辞特征进行的释义过程，而学生对英语文学作品释义的过程也是学生思维由低层次向高层次发展的过程。

（三）提升文化品格

提升文化品格也是高校英语文学教学的重要目的之一。高校英语文学教学中所选择的文学作品基本上都是名家名作，含有丰富的文化内容，学生通过阅读这些优秀的文学作品，不仅能够对西方文化特色、文化现象有一定的了解，而且能够提高自身的跨文化交际能力，进而对提升自身的文化品格产生推动作用。

1.了解西方文化特色

从某种意义上说，文学作品承载着一个民族的历史文化传统、政治经济制度等信息。在高校英语文学教学活动中，学生通过阅读英语文学作品，能够对西方民族多元的文化现象与文化特色有更深的了解，而这些了解又会在潜移默化中提升学生的文化品格。

2.提高跨文化交际能力

跨文化交际是一个比较宽泛的概念，既可以指不同语言之间的交际，也可以指具有不同文化背景的人之间的交际。从某种意义上说，大到不同民族之间的文化交流，小到同一地区具有不同文化背景的人之间的交流，都属于跨文化交际的范畴。而跨文化交际的成功与否，在很大程度上受交际双方交际意识的影响，只有交际双方对彼此的文化背景有一定的了解，交际才能取得理想的效果。

需要注意的是，真正的跨文化交际不是只停留在词汇表面上的，它需要交际双方熟知目的语背后所蕴含的文化内涵与价值观。通过阅读英语文学作品，学生不仅能够对其中所含的语言材料以及语言材料的应用环境有更深的了解，而且能够形成自己的文化态度与立场，从而提升自身的文化品位、增强自身的文化自信，使自己在跨文化交际中处于主动地位。

（四）形成良好的阅读习惯

形成良好的阅读习惯，既是英语文学教学的重要目的之一，也是英语文学教学的一个重要任务。为了加深学生对英语文学作品的全面理解，使学生从作品中汲取更多的精华，在具体的英语文学教学活动中，教师会采取各种各样的教学策略，比如，让学生计划、监控、评价自己的阅读活动，让学生在阅读的过程做好记录，并在阅读结束后及时写出自己的感受与体验等。这些教学策略，一方面有助于加深学生对英语文学作品的理解，另一方面从长远来说也促进了学生良好阅读习惯的形成。

第三节　文学视阈下英语教学的改革及转型

高校传统的英语文学教学存在诸多问题，比如教学目标单一、课程安排不系统、教学方法陈旧、评估方式欠佳等，这些问题在很大程度上阻碍了我国高校英语文学教学的长足发展，因此必须对其进行必要的改革，以发挥英语文学教学在促进学生全面发展中的关键作用。

一、文学视阈下高校英语教学改革、转型的必要性

英语文学教学在我国经历了一段曲折的发展历程。

20 世纪 60 年代之前，英语文学教学在英语教学中占据着很重要的位置，人们普遍认为学习英语的重要目的之一就是能够自行阅读英语国家的文学作品。而英语文学作品中所呈现的人文精神等也给予了人们极大的精神动力，此外，阅读英语文学作品能够提高人们的文化修养和英语素质等，

这些因素都有助于提升英语文学教学在我国英语教学中的地位。在这样的大形势下，我国的英语学院和综合性大学英语系，在制订教学计划和课程时，都有意偏重英语文学教学活动，所开设的英语文学课基本保持在每周五节左右。

20 世纪 80 年代以后，随着我国改革开放步伐的不断加快，各种英语教学理论开始涌入我国英语教学界。受急于培养实用型人才思想的影响，人们学习英语的本源发生了巨变，开始认为学习英语不是为开阔文化视野、提升人文素养，而是为了交际，于是英语文学教学开始受到冷落。教育部相关部门在制订英语教学大纲和教学计划时，也开始着意降低英语文学课在英语教学活动中的占比。高校的英语教学也开始关注学生英语知识的学习以及英语技能的掌握，而忽视了英语文学教学对学生整体英语水平提高的作用和功能。

进入 20 世纪 90 年代，我国的英语文学教学依旧低迷。1990 年，教育部颁发《高等学校英语专业高年级英语教学大纲》，首次将英语文学课列为选修课，对高校学生英语文化素质的要求也大大降低：对英语国家历史、社会状况等比较了解、对英语国家的文化传统、风俗习惯等有一定的了解。1998 年，教育部颁布的《关于外语专业面向 21 世纪本科教育改革的若干意见》指出，新时期英语专业的改革方向为：厚基础、宽口径、应用性、复合型。这些文件的出现对高校的英语文学教学产生了巨大的影响，在这些权威文件的指导下，有相当一部分高校开始对英语教学大纲进行大幅的更改，如削减英语文学课程，硬性增设经济、外贸等课程。学校的这些举措，对学生的价值观念产生了巨大的影响，学生们突然觉得学习英语文学仿佛是在浪费时间，于是果断不再像学习主干课程那样学习英语文学课程，英语文学课有时甚至形同虚设。

此外，通过调查研究发现，20 世纪 90 年代之后，研究英语文学的文章、著作等的数量大幅下降，有几年甚至为零。从事英语文学教学或研究的教师，发现他们的研究成果无人欣赏，甚至无处发表，迫不得已之下跟风研究实用的语言学或教学方法。而受市场经济、教学大纲等的影响，高校学生也不再在阅读英语文学上花费时间，这使得有些学生在接受四年的本科教育之后，居然没有完整地读过一本英语文学著作，这在很大程度上导致了高校学生总体英语素质的下降。

高校英语教学的不断突破“下线”、学生英语文学素质的一再下降，引起了许多有识之士的警惕与重视，于是他们开始奔走呼吁，极力重申英语文学在高校学生英语教育中的重要价值与意义，认为高校英语专业教育在课时上不应该再削减英语文学的占比，必须重视对学生英语文学素质的培养。

有识之士的呼吁引起了国家的关注，于是在2000年，教育部颁布了《高等学校英语专业英语教学大纲》，这一大纲将英语文学课重新确立为必修课，并指出：英语文学课程的目的在于培养学生阅读、欣赏、理解能力，掌握文学批评的基本知识和方法，开拓思维，拓宽知识结构。通过阅读和分析一定数量的英语文学作品，促进学生语言基本功和人文素质的提高，增强学生对西方文学及文化的了解。此外，这一大纲还强调高校要重视对学生“文化素养”培养，让学生熟悉英语国家的文化传统、风俗习惯等，使学生通过四年的本科教育，成为一个具有较高艺术修养的人……可以说，《高等学校英语专业英语教学大纲》重新明确了英语文学教学在高校英语教学中的地位和作用，为高校英语文学教学活动的发展提供了明确的方向指导和政策上的支持与保障。

二、文学视阈下高校英语教学改革、转型的可行性

高校英语教学改革与转型是落实英语文学教学的第一步，也是最重要的一步。虽然2000年教育部颁布的《高等学校英语专业英语教学大纲》已经明确了英语文学课的重要意义，并给予了英语文学课一定的课时保证，但目前高校的英语文学教学还存在一些影响英语文学教学长足发展的问题。其中，最主要的问题就是高校的英语文学课大都开设在三四年级，这主要是由两个方面的原因造成的：其一是英语专业的学生需要有一个基础阶段（四个学期）来训练其自身的基本能力（听、说、读、写）；其二是高校认为新生还不具备阅读英文原著的能力，这些都使得英语文学教学在整个英语教学中举步维艰。但是目前高校的现状是学生在经过基础阶段的训练后，进入大三后也只有两个学期的时间来接受英语文学的熏陶，因为到大四后，有相当一部分学生开始进入企事业单位实习或兼职，没有时间再进行英语文学作品的学习。此外，还有一些高校为了提高本校在英语八级考试中的名次，会从第七学期开始就要求学生进行大量的应试练习，这使得学生几乎没有精力再“应付”英语文学课了，更不用说阅读英语文学原著了。

鉴于此，必须通过必要的改革来解决高校英语文学教学中所出现的问题，从而推动高校英语文学教学的发展。从当下的教学现状来看，解决这一问题最好的办法就是压缩英语基础课程教学时间，把基础阶段压缩至三个学期，甚至两个学期，把英语文学课的教学时间提前一个学期或一个学年，从而使英语文学教学活动的开展有比较充裕的时间。

高校英语教学活动中，压缩英语基础课程教学时间并非天方夜谭，而是切实可行的。现行的《高等学校英语教学大纲》规定，高校新生的词汇量为

1800个，经过两年基础阶段的学习，学生的词汇量应达到4200个。而实际上，随着我国英语教学改革的不断深入，中小学学生的总体英语水平都有了明显的提高，所以进入英语专业学习的新生，所掌握的词汇量已远远超过了1800个。

早在2001年，教育部所颁布的《国家基础教育英语课程标准(3—12年级)》就规定，高中毕业生要达到的英语水平是掌握3000个单词、400～500个习惯用语。教育部所颁布的类似于这样的规定有很多，而且每次更新的规定都会对学生提出更高的要求，这在很大程度上促进了学生英语水平的提高，同时也意味着高校英语专业学生的入学水平已经大大提高。面对学生英语水平普遍提高的现状，高校需要及时地改变教学大纲，为推动学生的长足发展创造有利的条件。如果一味地墨守成规，让学生按部就班地修完两个学年的基础课程，势必会让学生觉得大学的英语学习是在"炒冷饭"，要学的课程学不到，学会的东西反复学。鉴于此，如果新生所掌握的词汇已经超过3000个，那么高校的英语基础课程教学的时间是可以压缩的。通过压缩英语基础课程教学的时间，将英语文学课程提前到大二的下学期进行，给学生以充足的时间去了解英语文学的发展概貌，去阅读更多的英语文学原著，从而提高学生的英语文学学习能力，提升学生的英语文学素养。

三、文学理论的发展对高校英语文学教学改革、转型的启示

(一)以读者为中心

19世纪之前，西方的文学批评探讨的主要是世界与作者、作品之间的关系。20世纪，世界文学批评进入空前繁荣的时期，各种文学流派纷呈，文学批评成为一门与文学创作并驾齐驱的人文学科。这一时期，文学批评不仅将研究的目光转向文学作品本身，比如开始关注作品本身的形式审美、意义价值等，而且强调文学性应是作品艺术手段的总和。

但不管怎么说，批评家最终的关注点都落在了作家与作品上，而这种关注反映到具体的英语文学教学活动上，就是形成了历史传记式与评论式的教学模式。这种教学模式所关注的点在两个"C"上，即Comprehension(理解)与Critical Skills(批评技巧)。其中，Comprehension大多限于语言现象和语言特点；Critical Skills则主要包括两个方面的内容：一是对时代背景、作者生平等的评论；二是如何从政治、历史等角度对作品进行评论。这种教学模式既有优点，也有缺点，具体内容如图6-1所示。

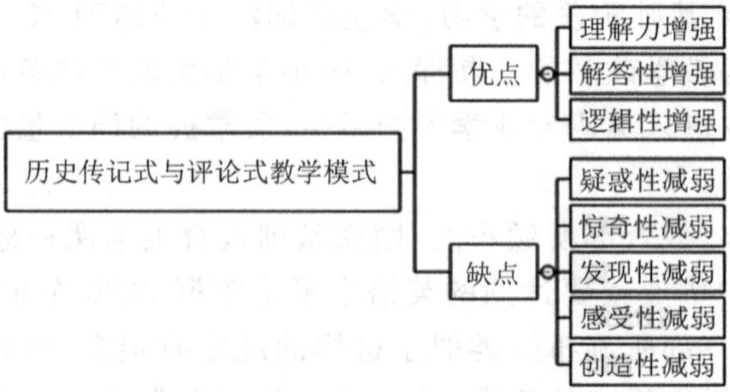

图 6-1　历史传记式与评论式教学模式的优缺点

20 世纪 60 年代之后，随着世界文学批评的不断深入发展，文学批评目光终于发生了转变，即从关注作者与作品转向关注作品的形式结构与读者。文学批评目光的转变直接促成了以读者为中心的读者反应论的兴起，这一理论的特点有两点：一是反对文本中心论；二是主张将批评的重点放在对文学作品的阅读与阐释上。在这一理论的指导下，批评家开始探索认识论、语言、心理等对阅读行为的影响，以及作品与读者之间相互交流所产生的影响。从整体上说，读者反应论拓展了文学批评的研究领域。

读者反应论的代表人物有 S.费什、N.霍兰德以及 D.布莱奇等。他们三个在文学批评发展史中的主张/贡献如表 6-1 所示。

表 6-1　S.费什、N.霍兰德以及 D.布莱奇的主张/贡献

理论家	主张/贡献
S.费什	揭示了从现象学到后结构主义批评的发展轨迹
N.霍兰德	重新阐释了传统的精神分析因子
D.布莱奇	①主张文学批评应建立在分析学生阅读反应的基础上 ②注重文学批评的实践性

这三位理论家都主张将文学研究的理论成果应用到教育学和教学实践中，这对之后高校的教育教学活动产生了巨大的影响。读者反应批评强调，文学批评的重点在于读者如何通过阅读来感悟、体验、释放作品的内蕴，因为文学作品是创作者内心世界的主观反映，而读者要想真正地获得作品的意义，就需要通过内心的感悟、体验，与作者所创造的主观世界进行交汇、融合。而如果离开了读者的参与、没有了读者的感悟与体验，作者所创造的世界也就不存在了，那么文学作品的意义也就无从谈起了。具体到英语文学教学活动中，教师要将关注的重点放在学生身上，具体来说就是要重视“学生的作用”、重视“学生对文学作品的感悟与体验”。

(二)文学是一种参与、一种交流

文学不仅是简单的语言艺术形式,更是一种参与、一种交流,如果没有读者的参与、交流与接受,文学是不存在的,也只有借助接受者的参与,文学才能彰显自身的价值。因此,高校的英语文学教学在具体的教学活动中要考虑两个方面的内容,即接受者因素和"阐释群体"。

1.接受者因素

从文学接受的角度来讲,在英语文学教学活动中,学生是文学信息的接受者。文学作品作为一种"文本",其本身是静态的,需要借助能动的、可变的接受者来完成其自身价值与意义的传递。因此,教师在英语文学教学的过程中,应当重视接受者因素。具体来说,学生在接受英语文学作品时,会涉及多个方面的因素,如领会、判断、修正、发现等。

2."阐释群体"

"阐释群体"在探寻文本的意义和价值时具有共同的"阐释策略",这些策略在阅读行为之前就已形成,并决定着所读之物的形式和存在。所有文学作品的价值与意义都是读者在阅读文本时,通过"阐释策略"产生的。所以,从某种程度上可以说,文学课堂是由一个个"阐释群体"组成的,而群体成员的"阐释策略"就是他们所拥有的一种文学能力。

从根本上讲,文学作品是作者对人生进行体验、感受、思考的产物,读者在阅读文学作品时会带着个人体验和预想去获得知识,批评家将读者的这种能力看作文学能力。这种文学能力不是天生的,而是通过后期的学习逐步形成的。"阐释群体"的任务就是在教师的引导下,通过运用"阐述策略"与文学作品进行"交流",从而获取知识。因此,教师在英语文学教学过程中,应当把就教学活动从单一的知识传授活动转变为开放的交流活动,并创造条件让学生去用自己的智慧获取知识、提高能力。

(三)文学是一种感受

就认识论角度而言,一个人在进行直接的思考或认知之前总是先产生感受,因此,在英语文学教学的过程中,高校教师首先需要关注的是学生对英语文学原著本身产生的情感或感受,之后再与学生进行不同层面的探讨。换句话说,教师首先要问的是学生读英语文学原著时是怎么感受的,而不是怎么思考的。

高校教师在英语文学教学活动中要重视学生的感受、反应，主要包括两个方面的原因：第一，文学作品的特点使然，文学作品是作者在深思熟虑之后创作的，它的丰富性与深度是难以言尽的，对阅读者来说，它是激发思想、引起遐想的重要源头之一；第二，文学作品的内蕴与意义是“动态”的，会因时而异，也会因人而异。

（四）文学是一种投入

在英语文学教学的过程中，高校教师可以采取“散而复归式”的教学方法，将整个“阐释群体”分为若干小的“阐释群体”，然后指派给不同的小群体一个具体的任务，并要求各小群体在规定的时间内完成，然后回归大群体，并将最终的结果呈现出来，从而使学生在投入（完成任务）的过程中收获知识。

在具体的英语文学教学实践中，高校教师可以利用各种文学素材来设计活动，给学生指派任务。比如，莎士比亚在戏剧《皆大欢喜》中借用杰奎斯的口吻，将一个人的人生划分为七个阶段，分别是婴孩阶段、学童阶段、、孩提阶段、恋人阶段、军人阶段、法官阶段、老叟阶段。教师可以借助这一素材，将全班学生分为七个小的“阐释群体”，并指定小群体搜集某个阶段的相关素材，具体设计如表 6-2 所示。

表 6-2 《皆大欢喜》教学设计

阶段	小组	任务
婴孩阶段	婴孩小组	收集、整理有关婴孩题材的文学作品
学童阶段	学童小组	收集、整理有关学童题材的文学作品
孩提阶段	孩提小组	收集、整理有关从婴孩到老年人生转换题材的文学作品
恋人阶段	恋人小组	收集、整理有关爱情题材的文学作品
军人阶段	军人小组	收集、整理有关战争题材的文学作品
法官阶段	法官小组	收集、整理有关罪与罚题材的文学作品
老叟阶段	老叟小组	收集、整理有关老人题材的文学作品

教师可以根据具体情况，安排给各个小的“阐释群体”具体的收集和整理时间，并在指定的时间让各个小的“阐释群体”回归到大的“阐释群体”，然后让他们将自己小组的成果展现给大家，相互学习、相互借鉴。

四、文学视阈下的高校英语文学教学改革及转型

（一）教材的改革及转型

在我国高校英语文学教学中，英语文学课程的内容主要包括两大部分，分别是欧美文学史和欧美文学选读。对于不同的高校而言，它们在设置英语文学课程方面是不同，有的高校将欧美文学史和欧美文学选读分别开课，也有高校在课程开设时将这两大内容合二为一。

从近二十年的英语文学教学发展情况来看，我国高校在英语文学教学课程开设时，将英语文学史和英语文学选读合二为一，且采用“以史为序”的编排方式。这种编排方式的优点是脉络清晰，能够使学生从整体上对英语文学有一个宏观的认识。但这种编排方式也存在诸多弊端，比如，这种编排方式会使学生一上来就先接触时间上距现在最远、语言上最难懂的部分，以英国文学为例，学生首次学习就遭遇最为艰涩的古英语诗歌《贝奥武甫》，这在很大程度上影响了学生的学习兴趣；此外，由于英语文学与考试的关系不太紧密，教师的课时会被压缩，那么这种编排方式会使学生在上了一个学期的文学课后，依然还有很多作家、作品没有学习到。

综上所述，我国高校英语文学教学改革，最重要的是要打破“以史为序”的编排方式，采用“断代文学”编排的方式，比如教材编排可以从注重细节、语言规范、最适合初学者学习的 19 世纪英语文学开始；题材上也按照学生容易接受的方式编排，先小说、散文，后诗歌、戏剧。此外，在英语文学史和英语文学选读的编排上，要遵守“以文为纲”原则，并在保持文学发展整体面貌的基础上，为学生呈现英语文学产生与发展的线索。为此，编者可以在教材编排时，在文学史部分加入选读内容，或者将英语文学选读自编成册（与英语文学史相对照），这样不仅能够使学生对英语文学有一个整体的了解，而且有助于学生通过阅读文学作品加深对英语文学的理解。

（二）教学模式的改革及转型

1.课程力求少而精

英语文学史历史悠久，文学作品也不可胜数，学生在高校学习的这段时间不可能既深且广地掌握全部的英语文学作品。所以，高校英语教师应该根据学生的实际情况，在充分了解学生接受能力的基础上，坚持“少而精”的

原则，选择一定量的英语文学作家作品供学生学习。

(1)少

少，指的主要是教师在英语文学教学的过程中，在讲授到某一时期、某一作家时，选择最具代表性的名著作为研究学习的对象。走马观花式地泛读作品，其效果远远不如深入研读几部名著。比如，在授课时，教师与其为学生泛泛地介绍莎士比亚的在戏剧方面的成就、造诣，不如让学生自行研读莎士比亚的《哈姆雷特》，后者所获得成效远远高于前者。

(2)精

精，指的主要是教师在英语文学教学的过程中，要让学生把学过的知识学精、吃透，成为学生知识体系中永恒的滋养。

在进行“少而精”的教学时，切忌“填鸭式”的“满堂灌”，将教材发放给学生之后，教师只需对所选名著提出应理解的问题，然后给予学生启发式的引导即可，其他的交由学生自行研读。具体到实际的英语文学教学活动中，教师应系统地向学生介绍一些重要的英语文学的知识，比如英语文学术语、流派等，使学生对英语文学有一个整体的了解，并尽快融入英语文学世界中。然后，针对不同时期、不同作家的具体情况，进行有目的性的精讲，这样才能使学生在浩如烟海的英语文学中汲取有价值的营养。

2.加强对学生的思想教育

文学不是孤立存在的，作家的创作活动、文学的发展历程等都是与特定时代的历史、文化、宗教等因素密切相关的。因此，高校教师在讲授英语文学课程的时候，要把世界其他民族的文化与文学融合在一起，从而使学生最大限度地获取英语文学中的文化含量，并达到加强学生思想教育的目的。

具体来说，在英语文学教学的实践中，高校教师应根据我国对大学生的具体要求进行教育。比如，通过讲授《被缚的普罗米修斯》，加强对学生的人生理想教育；通过讲授《丧钟为谁而鸣》，加强对学生的爱国主义教育；通过讲授《傲慢与偏见》，加强对学生德育情操及正确爱情观的教育。

3.注意培养学生的文化意识

文学是一个民族优秀文化思想的结晶，它反映了一个民族社会、生活习俗等多种样式的文化因素，是人类宝贵的精神与文化财富。因此，在英语文学教学活动中，高校教师不仅要重视对学生英语文学学习能力的培养，而且要注意培养学生的文化意识。

高校英语人才的培养的目标不仅体现在对学生英语语言学习能力的培养，还体现在对学生跨文化学习能力的培养。实践证明，在我国英语学习环境还不是太好的条件下，英语文学教学能够在很大程度上帮助学生达到上述目标，尤其是后一目标。

英语文学作品为学生了解英语国家的政治、经济制度等提供了一个有利的平台，而作品中所包含的文化知识及这些文化知识所隐含的哲学、人文等意蕴，在帮助学生了解英语文化传统的同时，也有力地提高了学生语言素养和文学素质，进而增强学生跨文化的交际意识和文化鉴赏能力，使学生成为真正的具备较高素质的英语人才。由此，英语文学教学的重要意义不言而喻。

4.改变以教师为主的教授模式

从文学接受的角度来看，文学是一种参与，或者说是一种交流。文学不仅仅是简单的语言艺术形式，从某种意义上来说，它是一定时期、一定社会各方面的浓缩，而这种知识浓缩，只有借助接受者的参与，才能彰显它的价值。就此而言，如果没有读者的参与、交流与接受，文学是不存在的。

想要真正地吸收浓缩在英语文学中的精华，就需要改变以教师为主的教学模式，让学生积极主动地参与到英语文学活动中来。为此，教师在英语文学教学活动中要善于启发和引导学生，调动学生的参与热情，使学生全身心地投入到文学作品的世界中，去发掘文本的内蕴，感受作者的语言艺术，并从英语文学的学习中认识社会和人生。

为了让学生真正地参与到英语们文学的学习中，教师可以从多方面入手。比如，教师指定学生阅读某些名著，并要求学生在阅读原文的基础上，结合自己的理解与感悟，撰写读书报告或评论文章。这不仅能切实让学生参与到英语文学作品的学习中，而且能够在很大程度上提高学生的语言表达能力、鉴赏能力、批判能力等。

5.充分利用现代教育技术手段

文学作为一种资源是取之不尽、用之不竭的，现代教育技术的快速发展，为我们更有效地开发和利用文学资源提供了有利的条件。

科学技术的快速发展，为教育手段的现代化提供了保障，也为高校英语教学提供了丰富的资源。而教育手段的现代化又在很大程度上影响了人才培养的质量，所以高校在进行英语文学教学活动时，要充分利用现代化的教育技术手段，从而达到培养出高素质的、全面的英语人才的目的。

具体来说，高校教师在英语文学教学实践中，可以从两个方面着手：第一，在文学阅读的初级阶段（学生还没有阅读英语文学作品的基础），教师可利用现代教育技术手段，让学生观看由英语文学作品改编的影视作品，从而激发学生的学习兴趣；第二，到了文学阅读的提高阶段，在学生阅读了英语文学原著的基础上，再组织学生观看改编的影视作品，就能够在很大程度上对学生的视听产生冲击，从而激发学生的情感、启迪学生的想象等，使学生在教师有意营造的环境中深入到作品的意境中，进而加深对作品的理解。

6.组织丰富多彩的文学课外活动

英语文学发展的历史比较悠久，所包含的内容多、历史跨度大、作品纷繁多样，这就需要高校开设足够的课时，来完成对英语文学的讲述。但实际上，由于受各种因素的影响，高校的英语文学教学时间极为有限，单靠课堂教学，学生根本无法完成对英语文学的学习。因此，高校教师可以在英语文学课堂教学之外，组织丰富多彩的文学课外活动，来满足学生英语文学学习的需求，比如举办文学沙龙、组织名著表演等活动。此外，教师还可以充分利用现代教育技术手段，将学生引入网络世界中去，让学生通过网络与国内外众多的英语文学爱好者建立友好的关系，从而提高自身的英语文学学习能力和英语文学素养。

7.培养学生的自学能力

学生的自学能力对其自身学习水平的提高有着巨大的影响。因此，在英语文学教学活动中，教师要采取多种措施来培养学生的自学能力。比如，教师可以在每学期开始时，让每名学生从自己推荐的英文原著作品中选出两本作为必读书目，并要求学生定期将学习情况反馈过来，同时要求学生在期末上交读书报告或学期论文。此外，在学生学习的过程中，教师要及时组织讨论活动，引导、帮助学生解决他们在阅读原著作品中遇到的问题。这些都能够在很大程度上培养学生的自学能力，进而提高学生的思维能力和创新能力。

（三）评价方式的改革及转型

就学生学习的评价方式而言，在英语文学教学过程中，教师可以采用综合性测评方式，鼓励学生参与各种与英语文学相关的活动。比如，组织文学小组，让学生自己编制剧本，并组织学生进行表演等；开展多种类型的竞赛活动，如英语诗歌朗诵比赛、英语文章阅读比赛等。学生参与这些活动的表现会被计入平时的成绩中，并作为最终成绩评判的重要参考标准。

而到期末的时候，教师可以改变传统的考试方法，突破单一的闭卷考试模式，允许学生根据自己平时的知识积累与兴趣所在，自行对英语文学作品进行分析。而教师在对学生的分析进行评价的时候，也要突破传统的“踩点给分”的评价模式，要对学生的创新点、思考点给予肯定与赞扬，从而使学生从传统的英语文学学习模式中彻底解放出来，进而提高学生发现问题、分析问题以及解决问题的能力。

参考文献

[1]孙静.大学英语教学及改革新思维[M].北京:中国水利水电出版社,2017.

[2]李银波.文学视角的英语教学[M].北京:中国纺织出版社,2018.

[3]党永军.跨文化交际视阈下的英汉语言文化对比研究[M].北京:中国水利水电出版社,2018.

[4]鲁子问.英语教学方法与策略[M].上海:华东师范大学出版社,2008.

[5]王淑花,李海英,孙静波,等.大学英语教学模式改革与发展研究[M].北京:知识产权出版社,2018.

[6]高雅平.实用英语教学[M].北京:中国纺织出版社,2018.

[7]翁雨淋,李瑞超,白爱娃.大学英语教学法探索与教学实践研究[M].北京:中国纺织出版社,2018.

[8]孙琼.跨文化交际视阈下的英语口语教学研究[M].北京:地质出版社,2016.

[9]陈雪松,刘艳梅,刘清明.英语文学翻译教学与文化差异处理研究[M].西安:西安交通大学出版社,2018.

[10]兰春寿.英语文学阅读思维型教学模式研究[M].北京:外语教学与研究出版社,2018.

[11]肖礼金.英语教学方法论(2011 基础外语教学与研究丛书)[M].北京:外语教学与研究出版社,2011.

[12]鲁子问.英语教学论(第 2 版)(中文版)[M].上海:华东师范大学出版社,2010.

[13]汪春艳.新课标背景下英语教学理论与教学活动研究[M].北京:中国纺织出版社,2019.

[14]何广铿.英语教学法教程:理论与实践[M].广州:暨南大学出版社,2018.

[15]陈彧.话语分析与英语教学研究[M].北京:经济科学出版社,2019.

[16]李颖.高校全英语教学模式(EMI)的超学科研究(DX)[M].北京:

中国社会科学出版社，2014.

[17]孙媛.高校英语教学与思辩能力培养[M].北京：水利水电出版社，2018.

[18]马卫华.文学视阈下的大学英语教与学[J].牡丹江教育学院学报，2015(8)：65-66.

[19]薛松梅.多模态理论视阈下的大学英语词汇教学[J].海外英语，2016(19)：92-93.

[20]温旎.多元视阈下的英语文学研究——“全国英语文学研究高层论坛”述记[J].山东外语教学，2012，33(6)：109-110.

[21]唐文.隐微视阈下对英美文学教学的思考[J].西部学刊，2019(7)：95-98.

[22]李莉莉.基于思辨的英语专业文学课程教学模式建构研究[J].语言教育，2014，2(1)：19-23+47.

[23]罗小燕.英语文学研究中的问题分析[J].太原城市职业技术学院学报，2016(4)：197-198.

[24]韩亚元.高校英语专业文学课低年级化的可行性探析[J].外语与外语教学，2011(2)：66-69+74.

[25]谷启楠.英语文学教学与研究中的三个问题[J].外语教学，2003(3)：57-59.

[26]雷月梅，李长萍.支架理论在高校英语文学课程教学中的应用[J].教育理论与实践，2014，34(3)：58-60.

[27]龙跃.图式理论视阈下英语专业文学语篇阅读的教学研究[J].当代教育理论与实践，2014，6(11)：105-107.

[28]程华.英语词汇学视阈下的跨文化大学英语词汇教学[J].湖北函授大学学报，2016，29(5)：173-174.

[29]刘晓民，刘金龙.大学英语翻译教学：问题与对策[J].山东外语教学，2013，34(5)：69-73.

[30]苏广才，李双娟.论大学英语翻译教学中跨文化意识的培养[J].上海翻译，2014(4)：52-54.

[31]李珽.新时代背景下高校英语翻译教学的创新[J].文学教育(下)，2019(2)：170-171.

[32]孔丽芳.大学英语翻译教学及其创新研究[J].产业与科技论坛，2019(5)：160-161.

[33]赵丹丹.翻译教学在大学英语教学中的重要性及其策略[J].英语广场，2019(1)：88-89.

[34]张欣.英语文学教学中的跨文化意识培养[J].文学教育(下),2011(2):33-35.

[35]陆如钢.读者反应理论与英语文学教学[J].宁波大学学报(人文科学版),1997(2):33-39.

[36]陈俊松.英语文学阅读课程有效教学模式的建构——基于教学系统设计理论的探索[J].外语教学理论与实践,2016(02):22-27.

[37]周晓红.浅论大学英语文学的教学[J].安徽文学(下半月),2014(12):136+138.

[38]张英.英语文学融入大学英语教学的价值维度及实施路径[J].世界文学评论(高教版),2016(2):236-238.

[39]吴志春.意象图式理论在大学英语文学教学中的应用[J].考试与评价(大学英语教研版),2018(3):85-90.

[40]刘淑娟.英语文学教学中跨文化意识的培养[J].文学教育(下),2019(9):66-67.

[41]王腊宝.论英语文学研究的拓展[J].苏州大学学报,2001(4):76-80+100.

[42]张凤伟.慕课环境下英语文学教学探究[J].文教资料,2017(8):190-191.

[43]陈静.大学英语教学中的英语文学课——非英语专业文学教学的探索与实践[J].经济研究导刊,2008(16):210-211.

[44]刘昌利.全球化语境下的英语文学教学分析[J].科教导刊(下旬),2018(7):118-119.

[45]陶冉冉.英语文学教学中的跨文化意识培养探析[J].齐齐哈尔师范高等专科学校学报,2015(3):167-168.

[46]徐敏,刘娅.英语文学教育与大学英语教学的整合思考[J].吉林省教育学院学报(下旬),2013,29,(2):25-26.

[47]宋相瑜.英语文学体验教学模式研究[J].课程教育研究,2015(8):101-102.

[48]吴格非.英语文学课程教学改革方法论思考[A].终结与起点——新世纪外国文学研究[C].2002:8.

[49]曾庆花.文学视角下的英语教学改革探析——评《文学视角的英语教学》[J].中国教育学刊,2019(3):117.

[50]黄远振,兰春寿,黄睿.英语文学体验阅读READ教学模式建构研究[J].外语界,2013(1):11-19.

[51]段慧.英语文学课与大学英语教学的整合思考[J].南京财经大学

学报，2007(3)：107-108.

[52]季杰梅.英语文学在英语教学中的重要性[J].哈尔滨师范大学社会科学学报，2013，4(4)：182-184.

[53]王建成，牛冀莲.大学英语开设英语文学课程的原则及实施途径[J].福建论坛(社会科学教育版)，2008(4)：87-89.

[54]顾露雯.通识教育视野下我国大学外语课程改革研究[D].南京：南京大学，2013.

[55]谭军武.论“经典”—对一个文学概念的问题式考察[D].南京：南京大学，2014.

[56]邓艳军.提高学习者英语文学阅读课程学习参与性教学策略的行动研究[D].长沙：湖南师范大学，2007.

[57]姜静.英汉文学作品中方言的翻译比较研究[D].北京：北京外国语大学，2017.

[58]袁燕华.多元互动英语教师校本教育模式：理论与实践[D].上海：上海外国语大学，2013.

[59]欧阳博恩.《大学英语课程教学要求》下的大学英语后续课程研究[D].重庆：四川外国语大学，2012.

[60]陈媛媛.大学英语翻译教学的问题与对策研究[D].重庆：西南大学，2009.

[61]邓于祁.中国翻译教学发展与改革研究[D].长沙：湖南师范大学，2006.

[62]王瀛.高校翻译教师之现状调查[D].北京：北京外国语大学，2016.

[63]陈艳君.基于本土视角的中国英语教学法研究[D].长沙：湖南师范大学，2015.

[64]杨元刚.英汉词语文化语义对比研究[D].上海：华东师范大学，2005.

[65]高莉君.大学英语教学中的中国文化认同教育探讨[D].重庆：西南大学，2009.

[66]刘晨霞.英语教科书中的文化与中国文化[D].上海：华东师范大学，2011.

[67]张瑞娥.英语专业本科翻译教学主体交往体系建构研究[D].上海：上海外国语大学，2012.

[68]陈艳新.交互视阈下的英汉语篇衔接对比研究[D].长春：吉林大学，2016.

